W0093995

Hallsch forrn Ahnfeenger

Gustav Matz, geb. 1950, Ausbildung zum Koch im Hotel „Rotes Ross" in Halle (Saale) bis zum Meister. 1990 Berufung zum Vorsitzenden des IHK-Prüfungsausschusses für Gastronomie; Dozent in der Erwachsenenbildung für gastronomische Berufe. 1992 Studium zum Diplom-Betriebswirt. Mitbegründer der „Kinderkoch- und Backakademie" der Stadt Halle. Seit 2015 im Ruhestand.
Langjährige Beschäftigung mit der hallischen Mundart. 2007 erschien sein zweibändiges „Hallesches Bilder-Leksegonn".

Gustav Matz

Hallsch forrn Ahnfeenger

Kleines Wörterbuch der hallischen Mundart

mitteldeutscher verlag

Alle Illustrationen von Gustav Matz.

3., überarbeitete Auflage 2021
© 2015 mdv Mitteldeutscher Verlag GmbH, Halle (Saale)
www.mitteldeutscherverlag.de

Alle Rechte vorbehalten.

Gesamtherstellung: Mitteldeutscher Verlag, Halle (Saale)

ISBN 978-3-96311-500-4

Printed in the EU

VORWORT ZUR ERSTEN AUFLAGE

Der Volksmund sagt: „Ein Wort gibt das andere." Das gilt auch für mein „Kleines Wörterbuch der hallischen Mundart", denn die meist verwendeten Worte und Ausdrücke sind verschiedenartig auszulegende Begriffe. Es finden sich viele Redewendungen, die sowohl ernst, als auch heiter zu verstehen sind. Festgelegte Wörter werden im hallischen Sprachgebrauch vermischt mit neuzeitigen und älteren Ausdrücken. Lösungen und Lösungswörter wollte ich nicht finden, denn die Verschachtelungen der Wörter werden gewissermaßen so gesehen, dass sie einem Zweck dienen sollen: der Verständigung und der kraftvollen Erheiterung!

Die Bedeutung vieler Wörter wird so manchem Hallenser aus seiner Kindheit in Erinnerung geblieben; anderen im Laufe der Jahre abhanden gekommen sein, etwa wegen der gefühlten Peinlichkeit, in gebildeten Kreisen hallisch zu sprechen. Sicher wird man auch den einen oder anderen Ausdruck vermissen. Von vielen Begriffen wird man hingegen zum ersten Mal hören, denn niemand kann alle hallischen Worte behalten oder im Kopf haben. Das Hallische als lebendige Alltagssprache ist überwiegend Vergangenheit, auch wenn wir viele Begriffe nach wie vor verwenden.

Dieses „Wörterbuch" hat nicht den Anspuch einer wissenschaftlichen Publikation, insbesondere hinsichtlich der Schreibweisen wird es sicher verschiedene Meinungen geben. Auch spricht natürlich jeder Worte verschieden aus. Bei einzelnen Wörtern mag man zudem streiten, ob sie originär hallisch sind, denn im Laufe der Zeit haben sich natürlich auch Lehnwörter durch Zuzug größerer Bevölkerungsgruppen ins Hallische geschlichen. Es ist aber zumindest der Versuch unternommen worden, einheitliche Schreibweisen zu finden resp. zu definieren, um den aktiv mit der hallischen Mundart Beschäftigten, d.h. den in Mundart Schreibenden oder Sprechenden, künftig einen Leitfaden an die Hand zu geben, nach dem man sich richten kann.

Die Illustrationen im Buch aus meiner Feder sollen das Ganze auflockern, eben zeigen, dass es auch ein sehr persönliches Buch ist. Die Erinnerungen an das Hallische, die ich in dem Wörterbuch aufgegriffen habe, sind meine Emotionen, die ich in Wort und Bild und in meiner eigenwilligen Zeichensprache umgesetzt habe. Der Spatz, der Schnatzjer, wie der Hallenser sagt, ist ein „Spiegelbild" der früheren und heutigen Tage.

Neben der Nutzungsmöglichkeit für Mundartfans soll das Buch auch alle anderen Hallenser und ebenso die Gäste der Saalestadt erreichen. So können Sie demnächst vielleicht verhindern, dass Sie sich in feucht-fröhlicher Runde blamieren, wenn Ihnen Begriffe zu Ohren kommen, die Sie erröten lassen könnten. Auch sonst kann man immer wieder nach dem Buch greifen, es einfach aufschlagen und sich von den Bildern, kleinen Episoden und den häufig lustigen hallischen Begriffen und Texten unterhalten und inspirieren zu lassen.

Ich hoffe, dass sich beim Lesen dieses Buches Ihre Mundwinkel hier und da zu einem Schmunzeln nach oben bewegen werden, weil einige Wörter Sie begeistern oder Sie an Ihre eigene Kindheit erinnern.

Denne hawwichs filleicht jeschaft, un Se ärgenn sich nich widdr beims Jelabbre un bei de Ausdrigge, wasde liehm Ahln im Lähm uns als Jrundlaache iwwerliefert ham!

Gustav Matz

VORWORT ZUR ZWEITEN UND DRITTEN AUFLAGE

Dass mein kleines Wörterbuch der hallischen Mundart innerhalb weniger Monate eine zweite Auflage erleben durfte, hat mich sehr gefreut und bestätigte meinen Wunsch, den Hallensern und ihren Gästen ein solches Nachschlagewerk an die Hand zu geben. Nunmehr ist es nach etwas längerer Zeit für die dritte Auflage, was vom ungebrochenen Interesse an dem Büchlein und seinem Inhalt spricht.

Natürlich ist solch eine Veröffentlichung immer vielen engagierten Menschen zu verdanken. Daher ist es mir ein Herzenswunsch, mich bei allen Unterstützern zu bedanken.

Besonders stolz bin ich, dass der Geschäftsführer des Mitteldeutschen Verlages Roman Pliske frühzeitig an meine Idee glaubte und mir diese Veröffentlichung ermöglichte. Meinem Lektor Dr. Kurt Fricke gilt ein großer Dank für seine ruhige, sachliche und fachkompetente Unterstützung. Es war sicher nicht immer einfach, meine Einfälle und Vorstellungen in Buchform umzusetzen. Ein Dank gilt zudem den weiteren Beteiligten des Verlages in der Herstellung, der Öffentlichkeitsarbeit und im Vertrieb.

Mein Dank gilt am Ende allen Lesern, die sich für die hallische Mundart interessieren und sie in die Welt hinaustragen, insbesondere denjenigen, die mir nach Erscheinen der bisherigen beiden Auflagen des Wörterbuchs noch Hinweise auf bis dahin nicht aufgenommene Wörter gaben. Nach (Platz-)Möglichkeit wurden diese Vorschläge in der dritten Auflage wieder berücksichtigt.

Gustav Matz
Halle (Saale), im Januar 2021

Vrscheenerunksrat (Friseur)

„Der ihre Borschdn sähn aus wie
zertebberte Zijareddngibbm!"

Was duhd dr Verscheenerunksrat heidzedaache unner
eindruggsfolln Art, se alle schnaagch ze machen. Ob
Schdiebeln, Borschdn, Looden oder Mägge, dr Seefendogtor gricht se alle hin. *Wie werkelt der Friseur heutzu-
tage auf seine eindrucksvolle Art, um alle schick zu machen.
Ob abstehende, kurze, lang und ungepflegte oder sehr kurze
Haare, der Friseur bekommt sie alle hin.*

Aas (Bezeichnung für „du")   Ahsd (Ahsd, halt de Lawwe!)

aber   awwer (Awwer ab!)

abfragen | abhören   iwwerhärn

abhauen | wegspringen | hüpfen   hubbm

abhauen (so schnell wie möglich abhauen)   haschdewasgannste

abhauen   schdammfeichte

abkratzen | abstreichen   abschiern

ablehnen   geniest | mäbbeln

ablösen (mühsam mit den Fingern)   gnaubeln

Abort   Abee

abreißen | herausreißen   abrubben

abschauen | abschreiben   schbiegen

abschneiden | abtrennen   abkätzrn

abwinken | ablehnen   äggern

abzweigen | sparsam mit etwas umgehen   gnabsen

Achtung, alle   alla Bonöhr

Ahnung (keine Ahnung von etwas haben)   geen Schimmer ham

Akkordeon   Zerrwanst

Alkohol trinken   een hinner de Binde jießn

allesamt | alle miteinander   allehofe

Alte (der Mann/die Frau)   dr/de Ahle

am Abend   ahmds

Amtsperson   Duutz

anblicken | anschauen   ahnfalken

anderer   annrer

anderseits   annerwärts

9

Androhung von Schlägen   setzt (Glei setzts was!)

Anfang   pieke

Angeber   Jrossgotz

angelaufen   ahnjeschissn | ahnjeduggelt | ahnjedrabt

Angelegenheit von geringer Bedeutung   Zimt

angemessen   jenau

Angst | Furcht   geen Draude ham

Angst | Zittern   Daddrich

ängstlich   lullich

anrücken | ankommen   ahnlatzen

anschauen   ahnguggn | begneisten | beschnarchen

anschnauzen   ahnranzen

anschreiben lassen   in de Jreide schdähn

anstarren | anfixieren   gloddsen

anstiften | anspitzen   ahnstäwwern

anstoßen   ahnranzen

anstrengen | größte Mühe geben   sich beziggeln

Anzahl | Menge   Läke

anziehen   ahntreggen

Anzug | Gewand   Kluft

Arbeit   Arweet | Gleeche

arbeiten | sich mit etwas Schwerem plagen   badalchn | knuwwen | ochsen

Arbeiten gehen   gleechen jähn

Arbeiten langsam erledigen   drudeln lassn

arbeiten mit großem Einsatz   dowweln

Ärger machen   gnadschn

Ärger   Gnadsch

ärgern | einen Streich spielen   Schure machen

Arrest, einsitzen   vrschidd

Arsch (Du kannst mich mal am A...!)   Du gannst mr mah fedd leggen!

atmen, schwer   jabsn

auch   ooch

auf einmal   uffemah

auf und ab bewegen   schaggern

Aufenthaltsraum der Salzwirker   Kotbucht

aufessen | kräftig beim Essen zulangen   vrbeebbeln | vrdriggen

aufgebracht | zornig   fuchdch

aufgeregt umherlaufen   rederieren

Aufheben   Zimt (Zimt machn)

Aufheben (kein Aufheben machen)   Jefitze (Mach keen Jefitze!)

Aufheben machen | ein Fass aufmachen   awwen machn

aufhetzen | Unruhe stiften   schdängern

auflümmeln | sich plump anlehnen   druffjegluddschd

aufmerksam sein | scharf aufpassen   radde schbann

aufmüpfig sein   muggen

aufpassen auf etwas   Oowacht jähm

aufpassen   Schmiere schdähn

aufrappeln | wieder auf die Beine kommen   uffrabbeln

aufs   uffs

aufschreiben | aufzeichnen   nidderfaggeln

aufschreien | ausgelassen sein   juchzen

Aufstand (keinen Aufstand machen)   geen Kohl machn

Aufstand (Mach keinen Aufstand!)   Rees (Mach mah gen Rees!)

aufstehen (Steh auf!)   uffschdähn (Schdähk uff!)

auftischen   uffbräzeln

auftrumpfen   digge duhn

Aufwand machen   Menggenge

aufwischen   uffdidschen

aufziehen (von Kindern)   uffbebbeln

Auge   Ooche | Glubschen

Augenblick   Oochenbligg

ausdenken | etwas planen   ausknaubeln

auseinandernehmen   ausenandrglamiesrn

Auseinandersetzung   Bambuule

ausfindig machen   rausglamiesern

Ausflüchte | Flausen   Fisematente

ausgelassen sein   rumjejuchze
ausgelassen tanzen   scherbeln
Ausschau halten   ilzen | plieren
Ausschlag, eitriger   Batz
außerdem   außerdähm
ausstehen (nicht gerne haben)   ausschdähn | vrknusen
ausstrecken (die Hand)   bräzeln (Ich bräzle dr glei
eehne!)
austrinken | etwas ausfüllen   ausschdobbm
Ausweis   Flebbe
Auto, kleines   Nubbelpille

Baby | Kleinkind   Bawedudchen | Schräbbchen
Bäcker   Knäder
Bäckerjunge   Legumschiewer
bald | sogleich   bahle
balgen | kämpfen | streiten   gambeln
bankrott gehen   Umme machen
basteln | sich einer Sache widmen   friemeln | fummeln
Bauch   Ballch | Ranzen | Wanst
Bauchschmerzen   Wanstrammeln
Bauer   Kaffer
Baum   Boom
bedächtig | ruhig   baduuse | pomäle
Bedrängnis   Naht
beeilen   een Jank machen
begeistert sein | wie von Sinnen   dibbelmoonsch

Behausung | alte Wohnung Klabunden

Beine Kietn | Kwanden

beißen | zwicken zwaggn

beißen (geräuschvoll in einen Apfel) schnorbsen

Bekleidung, gute Schale (sich in Schale schmeißn)

bekloppt | bescheuert besengelt

bekommen jegricht

bekommst (ein großes Stück Fleisch) grichst (glei en atzen Fleesch)

bekommst du grichschde

beleidigt sein | dumm tun diggschen

belügen beschdreechen

Bemerkung Schnärgel

benennen beniemt

Benennung | Bezeichnung Beniemunk

beobachten, heimlich | Schmiere stehen schbannen

bereit sein jewärdch sinn

beschädigen | unbrauchbar machen vrhunsen

beschaffen | besorgen ranangeln

Bescheid wissen Meise weesde | weeschdewind

bescheuert | verwirrt dreinschauen bedäbbert

beschimpfen anflaum

besiegen | schlagen dulzen | vrwaljen

besiegen | überwinden täwweln

besonderes lecker ne leegge

besonders besonnersch

bestimmen braadworschdieren

betrachten ahnguggn | begneisten | beschnarchen

Betragen Benemedät

betrübt dreewisch

betrügen eehn leim

Betrüger Kaubler

betrunken | besoffen im Gleister sin | molum | zeggen

Bett Falle | Kahn | Flohgmolle | Sänfte | Nest

Bett, gemütliches Nest

betteln dalfen

Beule (am Kopf schlagen) Horn (een Horn | een Gnärzchen schlaan)

bewegen, sich geräuschvoll nach oben ruffbullern

bewegen, sich mühsam | wacklig äbbln

beweglich | gelenkig | wendig schwibbe sinn

bewundern estimiern

Bewunderung zeigen Äschen uff dr Jeije

bezahlen berabbm | blechn

Bier (im Krug) ee Debbchen Fedd

Bierkrug | Bierkanne Nösel

Bissen, kleiner Häbbchen

Blasmusik Zäggerchen

bleiben bleim

blicken | dreinschaun falken

Bonbon Schnongs

borgen | leihen bumbn

böse | unverschämt meschant

bösartig sein foosch

Bratenstück, großes Fetzn

Brieftasche (scherzhaft) Bordjucheh

Brotrand Ganden

Brotscheibe | Schnitte Bämme | Schnidde | Schdulle

Brotscheibe, dicke Knust | Rungsen

Bruchbude | armselige Wohnung Hornske

Bruder Schamstrich | Scheeks

Brummkreisel mit Peitsche antreiben greiseln jähn

Brust (krank sein) Blaudse (miggrich uff dr Blaudse)

Brüste, kleine Biezen

Büchsenbier Blechbreedchn

Bügeleisen Blädde | Bijeleisen

bummeln schräjeln | ahnjeziddert gom

Buna-Arbeiter Bunabelzer

Bursche, frecher Pachulke

Bursche, junger Gägger | Schdift | Zwegge

Bürste Birschde

Chaos | wildes Durcheinander   Gaaos

dabei   dadrbei
dafür   dadrfoor
Dame, ältere   Maduddchen
damit   dadrmit
daneben   nähmhär
dann   denne
daran ist nichts   nischddemangk
darlegen   vrglamiesern
Därme   Galdaunen | Guddeln
dauernd   uffelang
dazumal   dunnemals
dazwischen   enemangk
dazwischenfahren | drauflosgehen   dermangk
dazwischenreden | schwatzen   bullern | kwasseln
dem   dähm
der (Weißt du, der oder der war es.)   dr (Weesde, dr oddr där wars.)
derb   foosch

Dialekt | Aussprache Jargong

Diarrhoe Schnellemachefixe | Schnortze

Dicker | großer Kerl Labsch

die (Die Frau hört nich auf!) de (De Olle härd nich uff!)

Dolch | (stumpfes) Messer Fuddch

Dorf, abgelegenes (abwertend) Gaff | Moogchen

dösen dustn

Drahtgeflecht (sehr fein) Jaasche

drauf druff

dreist | frech | nicht schüchtern drieste

drüben drimne

drüber driwwer

drücken kneeren

ducken | auf etwas warten kawwern

Dummerchen | kleine Macke haben Glabsmann | Glabsgobb

Dummkopf Blähschaf | Dust | Dussel

dünn därre | dinne

durchaus | in einer Tour barduh

Durcheinander | Gedrängle Jewärche (ee Jewärche in dr Gärche)

Durchfall Schnellemachefixe | Schnortze

Durchgang (zwischen Häusern) Schlibbe

durchschauen | bemerken Lunde riechen

durchschlagen | kriechen kreebeln

durchtrieben | klug | gewitzt kess | vrwoochen

durchtriebener, unseriöser Mann Schwiedjeh

ebend ähmd
Eckensteher Laddcher
egal | immer gleich äjahl | eene wichse
ehe sie ähese
Eimer Ämmer
ein wenig ee wängk
einer eenner
Eingangstür Andreesthire
eingenommen injenomm
einkaufen ingoofen
einmal (Auf einmal war sie weg!) eemah (Uff eemah warse wech!)
einnässen | in die Hose machen beflasdern
einschmeicheln (mit Hintergedanken) beschmusen
eintauschen (mit Vorteil) abgaubeln
einweichen | eintauchen indiddschn
einziehen | einsperren inschbärrn
einziehen (von Soldaten) Labben
Eisbahn (von Kindern) Glanderbahn
eiternd | entzündet underjidch
Ellbogen Kimmeleggchen
Eltern de Ahln
enttäuscht sein flunschen
erbärmlich | unverschämt meschant
erfahren | da kannst du lange warten Schbitz machen
ergeben uffjähm
erklären | analysieren ausenannergnärbeln
erlauben erloom

erleben (Das müsst ihr erst einmal erleben!)   ärlähm
(Das missdr erschdemah ärlähm!)
erlebt   ärläbt
ermorden   abmorgsen
Erspartes besitzen   de Gande (was uff dr hoogn Gande
hamm)
erst einmal   erschdemah
erzählen | herumlabern   kwaddern | kwasseln |
schmusen
erzählt | überliefert | gesprochen   jesaat
erzürnen | sich ärgern   krebben
Essen (feines, leckeres Menü)   Achelbutz | Frässchen
essen, geräuschvoll   knedschen
essen, tüchtig | herunterschlingen   muwweln |
päbbeln | schbachdeln | schbulen
etwas nicht bekommen   rammdeesch
euch   eijch (Das saach eijch!)
ewig   eewich

Fahnenschmuck   Fahnprutz
Fahr weg!   Damp ab!
Fahrerlaubnis | Führerschein   Labben
Fahrerlaubnis   Flebbe
Fahrrad (aus lat. Velociped)   Flietzbähn
falsch | böse | schlecht   link
Fangen (Kinderspiel)   Hasche
Feier, sehr laute   Bambuule

fein (sich sehr fein geben)   pieke
Fernseher   Ladschengino
fertig sein | kaputt sein   zermährt
fertig   färdch
Festessen   Lägge
Fettschnitte   Feddjlander
Feuer, kleines   Knäggerchen
Feuertüte (Schimpfwort)   Feijerdide
fix und fertig   gochlädderjaar
Flasche   Bulle
Flausen (im Kopf)   Fisemadente
Flegel | mieser Kerl   Fleedch
fliehen | davonlaufen   tärmen
Flitzbogen   Flidseboochen
Flöte   Fläduse
flüchten   Hasen machen
Flügel | Geflügel   Fläddch
förmlich   feermlich
fortwährend | ununterbrochen   in eener Dour
fragte   fraade
Frau   Olle
Frau, aufgetakelte   Schiggse
Frau, freche, durchtriebene   Karline
Frau, merkwürdige   Gulgdewiene
Frau, naive   Schnusbel
Frau, schmutzige, nachlässige   Schnuddelbase
Frau, wiederspenstige   Zigge
Frau, zickige   Hinne
frech | ausgelassen | übermütig   migge
freuen, stark   bejollern
Freund | Kerl | Kumpel   Latz | Scheeks | Alter (Ee Alter, halt mah de Lawwe!)
Freundin (eine Freundin haben)   Krönchen (jähn)
Friseur   Seefendogtor | Vrscheenerunksrat
Frisur, komische   Haardoor
Frosch   Murrgägger

frösteln | zittern | schauern bibbern | hiwwern | schuwwern | schaggern
fühlen fihln
fummeln | werkeln madusteln
Fünfzig-Cent-Stück Finfzchjer
für (Für einen Pionier ist er zu alt.) for (For een Bijonier isse ze alt.)
für den forrn
für uns for unse
Fuß Huf
Fußballspiel (unter Jugendlichen) Motz
Fußbank, kleine Hidsche
Füße (große) Kwanden
Füße stinken de Giedn muffeln | meffen | muchten

gaffen | dumm dreinschauen pabben
Gänserich Jannert
ganz janz
geben | verabreichen | etwas verraten schdeggen
geben jähm
Gedanken (mit den Gedanken durcheinander) eene middn Dobblabbm jegricht
Gedanken machen nischddemangk
gedrückt | gequetscht jegneert
Gefängnis Knast | Giddchn
Geflügel Jeflichel
gegenüber | vis-a-vis fisafess

Geheimnisse verraten fom Ledder ziehn

gehen | wandern | umherziehen dibbeln | loofn | laadschn

Gehen wir! Jähmer!

gehen, schleichend waggeln

gehen, schnell diejern

gehen, unbeholfen dabbern

gehört jähärt

Geht sie? Jingse?

Geht's noch? Jähts noch?

gelangweilt herumsitzen gludschen

Geld unter der Hand machen Schdoob jrichn

Geld Asche | Biebn | Bimbs | Bimbo | Bulver | Draht | Fedd | Krähden | Knäde | Knagg | Moos | Zaster

Geld, viel Baddn

Geliebte | Freundin Gärsche | Ihsche

Geliebter | fester Freund Schamtsrich

gemächlich fahren karwendeln

gemütlich anlaufen anjeduggelt

genau | na klar ärscht eemah

Georg Järge

Gerede Kaggschmuus

Gerede, boshaftes Hecheln

Gerümpel | alte Gegenstände Grämbel

gesagt jesaat

geschafft sein kalitsche sin

geschlafen jebennt

geschlagen werden (ins Gesicht) eene jebräzeld | jemaierd | jeschmierd | jeschallerd | jeballert | jeflaakt | Senge grichen

geschrieben jefaggelt

Geschwätz | dummes Gerede Gnadsch | Knaggschmuus

geschwollen underjidch

Gesellschaft, bessere (frz. Hautevolee) Hoddwolläh

Gesicht | Benehmen Bonum

Gesicht verziehen | Mund verziehen Flundsch zärn

Gesicht Lawwe | Gusche

Gesicht, dummes Matzblähge

Gesindel Jesoggse

Gestrüpp, dichtes Deiwelszwern

gesund sein uffn Damm sin

gewitzt | schlau uff Draht

gewöhnlich jeweenlich

geworden jeworn

Gibt es? Jiwweds?

gierig auf etwas sein jiwwern

glattweg hellewech

gleich glei

Gleiche, das | egal welches enne Wichse

gleiten (auf einer Eisbahn) glandern

Glotzender | sich Wundernder Pabblawwe | Schberrlawwe

Grabscher | unflätige Berührung Dalbscher

greifen grabschn

Grimassen schneiden figugchen | flabsen

Grobian | grober Kerl Schdowwel

groß scheechlich

größte jreesde

grübeln simmelieren

grün jrin

Gruppe (Heranwachsender) | Clique Gligge

gucken | schauen gneisten

Gummischleuder Kaddchen

gut | alles in Ordnung knaggen

gut | prima dufde

gut | schön | na klar | na los | aber ja derb

Gymnasiasten (spöttisch) Jumminasen

Haarbüschel   Schdiez

Haare, abstehende   Schdiebeln

Haare, kurze, wiederspenstige   Borschdn

Haare, lange, ungepflegte   Looden

Haare, sehr kurze   Mägge

Haarkautz | gesteckter Zopf (Halloren)   Kie

Haarsträne   Dolle

Habe ich auch!   Hawwich ooh!

habe   hawwe

haben   ham

Haben wir es?   Hammersch?

Habt ihr es?   Habdersch?

Hähnchenflügel   Fläddjche

Hämorrhoiden   Glabuschderbärn

Hand (leicht von der Hand gehen)   flutschen

Hände   Footn | Flossen | Fehme

Handtasche   Meda

hantieren | kramen   pusbeln

hartnäckig | verbissen   vrbisdert

Hast du?   Haschde?

Hat sie?   Hoddse?

Hatte ich?   Haddch?

hatten   haddn

Hau ab! | Verschwinde!   Jumm! (Mach dr iwwern jumm!)

hauen | schlagen   dachdeln | baatschn | vrwamsen

Haus, enges, dunkles   Buweritzke

Haus, schiefes   Buderzke

Hausknecht | Bursche   Hauskooz | Pachulke

Heimat   Heeme

heimkehren | nach Hause gehen   Heeme jähn

heimlich | stillschweigend   heemlings | schdigum

heimlich betrachten   begneisten | illern

heißt (Wie heißt denn der Star?)   heest (Wie e heestn dr Schdarmatz?)

Hemd   Schmieschen

Henne | unmögliche Frau   Hinne

herausputzen | schmücken   uffbebbeln | uffmaddustln

herauswürgen   wirchen

herumerzählen   ballawern

herumfahren   karjohln

herumhampeln | zappeln   Figugchen machn

herumkommandieren   bradworschdieren

herumrennen   jachdern

herumschauen   ilzen

herumtoben | herumstreifen   rumfärschdern | rumschdrolchen

herunterziehen   runnerdreggn

Heuschrecke | Heupferdchen   Hubbdegrähn

heute   heijde

heutigen (Tag)   heijdchen (Daach)

Hiebe   Globbe

hier und da   him un drim

hinauf   nann

hinbekommen, etwas   bedeichseln

hineingehen   neinjähn

hineinstopfen | hineinwürgen   frumbsen

hinfallen   bardauzen | läddern | umelaschn

hinlegen | breit hinsetzen   bräzeln

hinterher   hingerhär

Hintern   Allerwärdste

hintertrieben | heimliches Verlangen   listern sin

hinübergehen   niwwerjähn

hinunter | runter   nunner

Hinweis | etwas Besonderes   Leegge

hinziehen hindreggen
Hirngespinst Fimmel
Hitzkopf Briehnischel
hobeln huwweln
hocken gludschen
hoffnungsvoll jiebich
Holzstühlchen Ridsche
Hör einmal! Häreemah!
hören härn
Hornissen Hornsken
Hörst du? Härschde?
hübsch | schön hibsch | schnaagch | schnärblich
Hühner | launische Mädchen Hinnor
Hühnerauge Leichdorn
Hühnerkeulen abknabbern Hinnor babbem
Hund Kwien
Hunger Kwalm | Kohldambb
Hunger, bekommen Mr gnurrn de Galdaunen!
Hungerleider | armer Mensch Jroschenrendjeh | Galdaungnurrer
Hungerlohn Sassermoos
hüpfen hibbm
hüpfen | ausgefallenes tanzen hubbm
Hütte, alte Buweritzke

Idiot | einfältiger Mensch Nietlähm (Eener aus Nietlähm!, nach der Irrenanstalt in dem früheren Vorort von Halle)

immerzu   eenewech
Insekten, lästige   Schmeech
inwendig | drinnen   innewenk
irgendetwas, irgendwie, irgendwo   ärchjendwas, ärchjendwie, ärchjendwo
irre sein   beglobbd sin
irren   niesen | ärren
Ist es?   Isses?
ist   is

Jammerlappen | schlapper Kerl   Dräne
jedenfalls   ärchten
jeder   jedeesche
Jehg bei de Mama!   Geh zu deiner Mutter!
jenige   jänche
Junge, frecher   Rotzdulge
Jüngling | strammer Kerl   Hanfliddich

Käfer   Käwer
Kaffee, dünner   Lahtsch | Plärre

Kaffee, schlechter Loorke
Kahnpartie Gahnsche
Kakao Gagau
Kalk Galch
Kalkkasten auf dem Bau Vojel
Kaninchen Schlabbohr
Kann man? Gammer?
Kanten (Endstück eines Brotlaibs) Kändchen
kaputt zermährt | gabuddch
kaputtmachen | zerstören vrweerchen
Kartoffelpuffer Kardowwellaadschn
Käsekrümel Griemelkäse
kassieren | Gewinn erzielen | behalten inschdreichn
Katze Gadse
kauern kawwern
Kaugummikugel Gneddscher
kaum gaum
kein grosses Aufheben machen bejeschdemich
keine Umstände machen Brihe machen | Dr faggelt
nich lank!
keiner geenor
Kerl, der nichts taugt Gräbel | Gunde | Kundmann |
Linker | Schuft
Kerl, durchtrieben Schlaaks | Kunde (Das is mr en
Kunde)
Kerl, gewiefter Äschen (bewundernd: Äschen uff dr
Jeije) | Schlaaks
Kerl, großer Towwel | Labsch | Schlaaks
Kind, kleines Gägger | Wärjel | Zwegge
Kinder, ungezogene Wänster
Kirche Gärche
Kirschen Gärschen
Kleidung | Anzug | Gewand Kluft
Kleidung anziehen wärcheln
Kleidungsstück, altes | Lumpen Fetzn | Lumbm
klein gleen

kleiner Topf Deebbchen

Kleinigkeit Faatz

Kleinkram | Krimskram Gingerliddzchen | Schnulli

Kluft (verkleinernd) Glifdchen

klug sein helle sin

knabbern babbem

kneifen kniwen

Koffer packen Schegge baggen

Kommst du? Gimmstde?

Kommt es? Gemmts?

Könnt ihr? Geenndr?

Konnte sie? Gonndse?

Kopf Bräjen | Dähds | Gobb | Nischel | Tunschel

kopflos | keinen Gedanken fassen können wirsch sin

Kopfnuss Gobbnuss

Kopfsprung Geebbert

Kopftuch Kuge

Kopftuchviertel Dobblabbenadel

Korb | Kiepe Bähnert

Körper Latz

Kraft | Mut Mumm

kräftig | derb foosch | greefdch

kräftig | tüchtig pannich

Kragen Binde

Krempel Frumms | Zeich

Kreuz Kraiz

Kreuzschmerzen Kraiz ham | kraizgrummelahm sin

Kuchen, matschiger Kollähtschke

Küchenchef Gichenmeester

Küchenpersonal Lattcherjent

Kuchenreste | Kuchenränder Kuhniebel

Küken Tschiebchen

kühn gihn

Kümmelkörner Gimmelgeerner

Künstler Kaugler

Kupferpfennig | kleine Münze Booscher

kürzlich   gärzlich
Kuss, lauter, feuchter   Schmatz | Schmätzchen
küssen, in einer Tour   gnudschn

Lachen, sich biegen vor   krembeln | beschießen | schmeißen
langsam sein   mährn
langsam   baduuse | pomäle
Lärm   Leerm
lästig   schmeech
Latschen | Schuhe   Schlabbm
laufen | gehen   loofen
laufen | rennen   diejern | fußen
läuft   leeft
Laune (schlechte Laune haben)   unken wie e Äst
Läuse   Krammuddchen
Leben   Lähm
Leberwurst   Lewwerworscht
legen   leechn
Lehrling   Gägger | Schdift | Zwegge
leiden | sich so durchschlagen   rumjräweln
Leiter   Ledder
Leitung | Führung   Täde (an dr Täde sin)
lernen   ochsen
Leute | Volk   Schent
Lexikon   Leksegonn
liebäugelnd | flirtend   schiggedänzch
Liebe machen   bimborn

Liebe   Liewe
lieben   liem
Liebling   Gägger
Lippen hängen lassen   Schibbe zerrn
löchern | mit Fragen nerven   gängeln
Lohn   Prass
loslegen   uffmischen
losreden | loslegen (unerwartet)   bullern
losrennen   losdambm
Löwe   Leewe
lügen | schwindeln   schdreechen
Lümmel   Flääz
Lunge, erkältet sein   Plautze (Mr hamms uff dr
Plautze!)
Lust (keine Lust haben)   Mauge (geene Mauge hamm)
lutschen | leichtes Saugen   nubbeln

Mädchen | Freundin   Ihsche
Mädchen | junges Ding   Meechn | Krönchen |
Redischen
Mädchen, junges   Junksche | Schnusbel
Mädchen, launische   Hinnor
Mädchen, leichtes   Fliddchen
Magenverstimmung | sich krank fühlen   mau sin
Maikäfer   Maiflätz
mal sehen | ja vielleicht   na, ja (abwertend)
mal   mah

manchmal   manichmah
Mann, alter   Altlatz
Mantel   Schalaune
Marienkäfer   Moodschejiebchen
Maurer   Galchfritze | Meijer
Maus   hallscher Leewe
meckern   rummaulen | rumnärcheln | döwwern |
meggern | gneddern
Mehrheit   Mährheet
meine   meene
meiner (Freund | Fremder)   meinor (freundschaftliche
Anrede: „Na, meinor?")
meinte   meende
Meinungsverschiedenheiten austragen   siche fetzn
meist   mehrscht
Meister   Meester
meistern | managen   bedeichseln
Melde dich!   Meldch mah!
Menge   Naht (ene Naht erzähln)
Mensch, dünner   Zwärn
Mensch, langweiliger   Nieselbriem
Mensch, unsympathischer   Eejel
merkwürdig | komisch   buddzch
Messer, stumpfes, verbogenes   Fuddch
mir (wir)   mr (Mr hamms nich leicht!)
mitbekommen haben | etwas erfahren
haben   midjegricht | Wind jegricht
Mitbringsel   Grämchen
Mittelpunkt (immer im Mittelpunkt stehen)   s' bree
ham
mittendrin | dazwischen   middemank
möchte ich   meechdch
möglich   meechlich
Molch   Saalo
müde   mide
Mühe (keine Mühe geben)   Brihe (geene Brihe machn)

Mühe haben   sich beziggeln
Mund verziehen   Flundsch zerrn
Mund   Glabbe | Gusche | Lawwe
mundfaul sein   een Muff sin
Münzwerfspiel (Fuchsen)   Schangeln
Murmelkugeln (weiße mit farbigen Ringen)   Dägen
Murmeln spielen   gullern
Murmelspiel   Gneddscherd
Musik (langweilige Musik abspielen)   duddeln
Musikantenknochen   Kimmeleggchen
Mut   Draude | Mumm hamm
Mutter   Mudder | de Ahle
Mützchen   Närbelchen

nachdenken | grübeln   simmelieren
nachfragen | schwer von Begriff   hä (Hä, was meensde?)
Nachwuchs einer kinderreichen Familie   Orjelfeiwwen
nackt   naggch
Nase   Dulge
Nasenschleim, trockener   Boobel
nebenbei   beileefch | nähmhär
nein   nee
neugierig   neijierich
neulich   neilich
Neustadt   Neischdadd

Neuste   Neisde

nicht richtig im Kopf   Nabbsilze (Schimpfwort)

Nichtjüdin   Keu

nichts ist   nischd is

Nichtskönner | langweiliger Mensch   Nulbe |
Nieselbriem

Nichtstuer | Herumtreiber | Lausbub   Laddcher

niederschlagen   nidderschlahn

niederträchtig | gemein   foosch

nötig   needch

nun einmal   nuemah (Awwer nuemah ab!)

oben auf   drohm

oben   oohm

obersten   owwerschdn

oder   odr (Odr gannde nich mähr?)

Ofenröhre   Oofnreehre

öfter   eefdersch

Ohren   Lauscher | Oohrn

Ohrfeige verpassen   eene runderlahdschn

Ohrfeige   Kwadschen (Kwatschd jlei was!) | Oohrfeije

Päckchen (aufgeben) Bäggchen (uffjähm)

packen | laden | stapeln bansen

passend jenau

Pause, kurze Fuffzn

Penis Schullahn (Schimpfwort: Du Schnullahn!)

Petroleumlampe Bederlehmannsfunsel

pfeifen feifn

Pferd, altes Zosse

Pferd, kleines Zosschen

Pferdewürstchen Sießchen

pflegen flächen

Pfütze Fitze

Pickel (am Mund) Batzlawwe

plötzlich bleetzlich

Plumsklo | Trockentoilette Blumsgloo

Po Allerwärdste

popeln (mit dem Finger in der Nase bohren) boobln

Prahler Jrossgotz

Prahlerei jrossgozich

pressen kneeren

Problem | Unglück Batsche

Professor (scherzhaft) Brodfresser

Prügel | Schläge Dresche | Geile | Naht | Wamse | Wind | Wucht

putzen reene machn

Quark Matz
Quarktorte Matzdorde
Quatsch machen Menggenge
quitt quidd

räkeln aalen
rammdösig sein gobbvrdräht
rasieren balbieren
rauchen schmoochen
rauf nuff
rausgerissen rausjerubbt
rausputzen uffmaddustln
Rede | Erzählung Schmiesschen
Rede | Plauderei | Geschwätz Schmus
reden | schwatzen | plappern gaageln | baabeln |
kwaggelei
regen (sich ein wenig bewegen) räjen (sich een
gleenweench räjen)

Regen Majum
regnen majumen
regnen, stark jirschen
reingehen rinnjähn
Remmidemmi Bambuule
Rendevouz | heimliches Treffen Rangdewuuh
respektlos koddrich
Respektsperson, männliche Altlatz
richtig | ehrlich rejäll
richtig richdch
Richtung (in eine Richtung bringen) kwärln
riechen | stinken muffeln | meffen | muchten
Riegel Riejel
Rothaariger Blauer
rüber niwwer
rüberfahren niwwerfahrn
rübergeschoben niwwerjeschoom
rucken | schnelle Bewegung wubbdich
ruhig | still jedeesche
rühren, sich ribbeln
rumlümmeln | sich lang machen rumflätzen
rummwühlen Grämchen machen
rumprügeln belzen
Rumtreiber | Strolch Luhmich
runter nunner
rutschen (auf einer Eisbahn) glandern

Sachen packen Jereetze baggen | Schegge baggen
Sag du es ihm! Saggsn dusen!
Sag mal! | Äußere dich einmal! Sachemah!
sagen saachn
sägen sächen
sagt er sahde
sagt sie sahdse
Salamander Saalo
Salzsiedehütten (Salz-)Koten
sanft | zart duse
Sarg Fleeschgiste | Saarch
sauber machen reene machn
säuft seift
saugen | lecken | lutschen nudschen
schäkernd | liebäugelnd schiggedänzch
schätzen estimiern
schauen | aufmerksam hinsehen nieschen
schaukeln (mit dem Stuhl) gibbeln
schaukelnd annähern anschwabbern
schick schnärblich
schief | krumm lawede
Schilfkolben Rohrbambm
schimpfen | unzufrieden sein rummaulen |
rumnärcheln | meggern
schimpfen, laut döwwern | gneddern
Schimpfwörter (allgemeiner Gebrauch) Armleichder |
Dulge | Dussel | Dust | Deu | Desgobb | Glabbsmann |

Greebel | Garniggel | Heifährd | Lausefraass |
Moonelooche | Rindsviech | Grigge
Schläfchen   Niggerchen
schlafen, fest   boofen
Schlaffittchen (am Schlaffittchen kriegen)   Kartause |
Binde | Gribs (beim Gribs grichen)
Schlag, leichter   Glabs
Schlag abbekommen   jeflahgt
Schläge androhen   Glei setzts was!
Schläge   Dresche
schlagen   eene schmiern
schlecht | ungünstig | widrig   mies machn
schleichend gehen   ahnjeziddert gom
Schleuder | Katapult (von Kindern)   Kaddchen |
Zwassel
schließlich   amende
Schlitten zum Rodeln   Käsehitsche
schlittern (auf einer Eisbahn)   glandern
Schmarotzer | Knauser | Geizhals
(Gaunersprache)   Kalmieser
schmecken (Das Essen schmeckt!)   acheln (Das achelt,
Scheeks!)
Schmeckerchen | leckerer Schmaus   Lägge
schmökern | viel lesen   schmeechern
schmollen | sich ärgern | beleidigt sein   diggschen
schmollen | trübsinnig dasitzen   mulgschn
schmuck | schön   zembe (Is ne zembe Hallornenbraut)
schmücken | rausputzen   uffbebbeln | uffmaddustln
schnappen   habbsen
Schnaps   Ruß | Schdenz
Schnapsflasche   Bulle Knuff | Bulle Ruß | Gimmelbulle
schnauben   schniewen
Schneid abkaufen   ausschdechen
schneiden   schnibbeln
schnell erledigen   fludschn
schnippisch | wegwerfend   perzich duhn

schön | super schneffde

schön schnaagch | schnärblich

schräg liegen iwwerkwäre

schreiben, nach Hause heeme faggeln

Schreiber Faggelmann

schreien | kreischen kriedschen

schuften | sich anstrengen gnurzen

Schuhe (alte) Kalweijen

Schuhe, besonders große Gwadradladschen

Schuhe, unpassende, ausgetretene Driddchen | Schaagen

Schulden machen | anschreiben Ladde machen

Schulmeister | Stubengelehrter Kalmieser

Schuss | Schwapp Läke

Schutzpolizist (Kurzform) Sibbo

Schwächling Mehlmuus | Musnutsch

schwatzen kwaaken

schweigen | kein Wort sagen nich ee mah mau noch meff saachn

Schweißgeruch verbreiten muffeln | meffen | muchten

schwer heben | schwer tragen asten | blaggen

schwimmen | planschen flösseln

schwimmen, unbeholfen blandschn

schwindelig | schumrig blimerant

Schwindler | Betrüger Kaubler

sehen | heimlich nachschauen illern

sehen | in die Augen schauen glubschen

Seht ihr es? Sähdersch?

seitwärts | von der Seite seidenjinftch

selbe selwe

shoppen | durch die Stadt laufen schdranzen

Siedehütten der Salzwirker Kotbucht

Silberknopf der Hallorenweste (18 Stück) Knicßt

singen, vor sich hin duddeln

Sippschaft | Verwandschaft | Menge Blaase

So, machen wir es! Su, machmersch!

sogar   zejar (Zejar een gleen Jewinn hawwich!)

sogleich | sofort   drifdch

Sohn, jüngster   Därrer

sollte   sulle

Sonneneinstrahlung, extreme   ballern (Dr Planet ballert awwer heide!)

Sonntagsstaat | festliche Bekleidung   Hurrargluft | Hurragliftchen

sorgenvoll   dreewisch

Soße aus Zwiebeln mit wenig Geschmack   Zwiwweldidsche

Soße und Kartoffeln verrührt   Mendänge

sozusagen   suzesaachn

spähen | blicken | schauen   lunschn

Spalier stehen   schdändern

sparsam bis zum Geiz   zach

Spaß | lustige Geschichte   Schnärzchen

Spaß | Vergnügen   Feez | Lenz

Spatz | Sperling   Dilbsch | Schnatzjer

spazieren   schräjeln

Spinne   Ganger

Spinnenbeine   Gangerbeene

spotten | verhöhnen   schbäjen

Sprüche klopfen   kwaaken

spucken   rotzen

Spur, keine   Ferre

starren | etwas verwundert betrachten   pabbläwwich

starren | unverwandt ansehen   gloddsen

starrköpfig   diggnischlich

stechen   kiegn

stehlen   kabben | dalfen | mobsen

sterben   schdärm

stets   schdäts

Stimmts?   Wa? (Jiwwets wo nich?)

Stimmung (gedrückter Stimmung sein)   unken wie ä Ast

Stinkefüße   Maugen
stockfinster   zabbenduster
Stoß versetzen   knuwwen
stoßen | schieben | drücken   schubben
Straßenbahn   Bimmel
Straßenkehrer, der mit dem Besen die Straße eher kitzelt als kehrt   Gitzler
strecken | dehnen   reegeln
streicheln | zärtlich sein   dahdschen
Stress   Draasch
Strolch | übler Kerl   Schdromer
Stück, groß   Atzen
Stückchen, klein   Schnärbel | Findchen
stückchenweise   häbbchenweise
Studenten   Vaganten | Schdubbelenden (spöttisch)
Studententracht (festliche)   Galle
Stunde, knappe   Schdindchen
Sturz   Käwwer
stürzt   schdirzt
suchen   ausenandrglamiesrn
süß   sisse
Süßer, mein   mei Siesor

Tag   Daach
Tage zählen | sich etwas ausrechnen   Kalender machn
Tal   Daal
tanzen   scherbeln | schaggen | schwoofen

tanzen, unmöglich   hubbm rumm

Tasche (etwas aus der Tasche ziehen)   Figge | Meta | Knochn (leijern)

Taschentuch   Rotzlabbm

Täuberich   Dowert

tauschen   gaubeln

Teig   Deech

teuer   deijer

Theater (viel Theater um nichts machen)   Jefitze

Tiere   Diere

toben | tollen | Unruhe machen   koldern

Tod   Dohd

Toilette | Klossetthäuschen   Abee | Dande Meier

Tollpatsch   Dussel | Mehlmuus | Musnutsch | Schdulks

Töpfchen | kleiner Topf   Deebbchen

Tor   Dohr

tragen, schwer   drachn | huggen

trägt   dräächt

träumen   dreijm

Treppe   Schdieche

trinken (von Alkohol) | saufen   een vrlähden | een feifen | schmeddern | deebbern | neseln | schnasseln | kwäggern | een hinner de Binde jießn

trinken, geräuschvoll   schlawwern

trinken, schnell   gulgern

Trinkgefäß, kleines   Finkennabb

tröpfeln | leichter Regen   dribbeln

trotzig sein | tückisch sein   diggschn

trug ich   druuch

tüchtig   pannich

tue ich auch   dähtch ooch

tun   dädn

Tür   Bredd | Dire

Türme   Dirme

Tüte   Dide

über iwwer
überall iwwerall
überhören iwwerhärn
überraschen (Lass dich überraschen!) Wartemah ab!
überschlagen iwwerschlaan
übrig iwwrich
übrigens abroboh | iwwrijens
Uhr | Wecker Lubbert
Uhr, schlägt die dr Michel, duhd
umfallen | umwerfen Umme machen
umsonst | kostenlos nass
Umstände machen faggeln | Brihe machen
unbrauchbar machen vrhunsen
und (Und was jetzt?) un (Un wassn nuh?)
unerfahrener, frecher Heranwachsender Matzblähge | Rotzdulke | Rotzleewwel
unerhört | zum verrückt werden hahnebichen
Unfug treiben | Dummheiten machen flabsen
Unglück Batsche | Rungenat
unglücklich ungligglich
Unmut zeigen | Lippe hängen lassen de Schibbe hängn lassn
unsere (Unsre hat einen Neuen!) unse (Unse haddn Neijen!)
Unsinn reden | dummes Zeug erzählen Gwaddsch
unten ungenne
unter unner
Unterhaltung Kaggschmuus
Unterhose Bumber | Schliwwer

unterm (Nun schaut er unterm Tisch vor!)   unnerm
(Nu guggde unnerm Disch for!)
unwohl fühlen | nörgeln   närjeln
unwohl im Magen   koddrich

Vater   Fadr | dr Ahle
veralbern | verulken | hochnehmen   flachsen |
vrglabbsen | vrgaggeiern | vrgoohln | vreebbeln |
vrhonnebibeln
veralbern, sich gegenseitig   flabsen | zeggen
verarschen (Willst du mich verarschen?)   rollen
(Willsde mr rolln?)
verbissen   vrbisdert
verdeutlichen | erklären | darlegen   vrglamiesern
verdreht sein   greiseln
verdünnisieren   dambm
vergangen sein (die Zeit)   gelängelt (Een Häbbchen Zeit
jelängelt war!)
Vergnügen   Lenz (Dr haddn Lenz uff dr Arweet!)
verkommener Kerl   Luhmich
verkorken | Gefäß verschließen   schdebbseln
Verlangen zeigen   hawwern
verlassen auf etwas | mit etwas rechnen   fussen
verliebt   gobbvrdräht
verlorengehen | vermissen   vrschidd
verlorengehen | zugrunde gehen   fleeden
verprügeln | den Hintern versohlen   vrdoowaggn

verraten | etwas verabreichen schdeggen

Verräter (unter Kindern | Jugendlichen) Petze

verrückt | komisch | dumm duddch

verrückt sein beglobbd sin

verschlafen | verlegen vrratzt

Verschwinde! | Hau ab! Awwer ab!

verschwinden | verdrücken | abhauen Damber machn |
Dammfeichte machen | Hasen machn | Gurfe machn |
Migge machn | Umme machen | dinne machn | zigg Leine

verschwinden (mit Geld) | abhauen ausn Stoob machn

versehen vrsähn

versoffen aussehen vrorjelt aussähn

vertraut tun | sich lieb Kind machen anfeddermicheln

verteidigen | Widerstand leisten vrdewwendiern

vertreiben | wegscheuchen vrjaachn

verurteilt werden vrjnasst sin

verwirrt | durcheinander rammdeesch

verwöhnt jehädschelt un jedädschelt

verzögern | lange Rede jemähre

viele fille

vielleicht filleijcht

Vielredner Kwasselschdribbe

Vogel (negativ: einen Vogel haben) een Piep hamm

Vogel Biebmadds

Vogel, großer Fluuchwabbch

voll (sein) knille (sin)

von (Aber von wem hat er das gehört?) fun (Awwer
fun wähn hadde das jehärd?)

von hinten herum hinderginftch

vor for (For se hadder de Roosn jeglaut!)

vorangehen, zügig fleggen

**vorher (Vorher hätte er sie einmal fragen
müssen!)** forhär (Awwer forhär häddr se mah fraachn
missn!)

vorlaut | großsprecherisch | respeklos gaaken | Glabbe
hamm | koddrich

vorsichtig   zach
vortrefflich   alla Bonöhr

wacklig | ängstlich   gaaglich
wackelig   lawede
War es so?   Warsch su?
Wärme | feuchte Hitze   Demmse
Wäsche mit wenig Wasser waschen   ausjuddeln
Wasser herumspritzen   mandschen
Wasser lassen | pinkeln   schnulln | sächn | bullern
Wasser   Majum
Weberknecht (Spinnentier)   Schbinneganger
wegbekommen   wechjejricht
wegen (Horst meint, es ist so!)   weechen (Na weechen
Hoschde isses so!)
weggemacht (nach drüben)   wechjemacht
(wechjemacht nach drimne)
wegschnappen | erhaschen   wechleibern
wegwerfend äußern   perzich duhn
Weib, freches, duchtriebenes   Karline
weinen, lautstarkes   flennen | funzen | gwähgen
Weißt du?   Weeßte?
wenig   weenich | linzchen
wenn du   wennsde
wenn er wüsste, was er nicht weiß   wenne wissde,
wasse nich wees
wenn wir   wemmer

werden   wärn
werfen | schmeißen   toffeln
werkeln   wärgeln
Weste, weiße   Weeßgneebbchen
Weste der Hallorentracht   Latz
wild, übermäßig auftreten   podansch
wird   wärd
Wirst du?   Wärschde?
Wohnung   Heeme | Feise
Wohnzimmer   jude Schduwwe
wollte ich   wulldch
wunderlich, langsam sein (vom Dorf)   hulbe sin
Würste   Wärschte
Wut   Raasche
Wutanfall | Zorn   Furje
wütend | zornig   diggschn | fuchdch | in Raasche

zaghaft | zurückhaltend   bleede
Zähnchen (Ammensprache)   Häggerchen
zappeln   zawweln
Zeh | Zehen   Zuhn
Zeit, vergehende   längeln
zerknittern   knorgeln
zerreißen   fetzen
zerrupft   zeledderd
zerstören   vrweerchen
zertreten   zerlaadschen

Zeug, unbrauchbares Frumms

Zeugnis, schlechtes Schwarte (das de Schwarte gnaggt)

ziehen zerrn | dreggen

Ziehharmonika Zerrwanst

zieht er zerter

Zigarette Fääbe

Zigarre Glimmschdogg

zornig diggsch

zubekommen, etwas ze krein

zu Hause heemte

zu bei | ze (Gemm bei de Mamma!)

zuerst zeärscht

Zugezogene | Fremde | Nichthallenser Hallunken

zugreifen schnabbn

zuhauf allehofe

Zunge (belegte Zunge) Matzblähge (Schimpfwort)

Zunge Blähge

zur zer

zurück zerigge

Zurückgebliebener | seltsamer Mensch Hämmuggchen

zusammenbinden zesammjniwwern

zusammengebastelt zesammjefriemelt

zusammenkochen | stark einkochen kwaggern

zuvor zefor

zwei zwee

zwicken | kneifen | stechen biesaggen

Zylinder Angstreehre | Schdärmer

aalen (sich) wohl sein lassen | sich ausruhen

äbbln wacklig gehen | sich mühsam bewegen | in schlechten Schuhen laufen

Abee Abort | Toilette

abgaubeln eintauschen | etwas mit Vorteil erlangen

abkätzrn abschneiden | abtrennen

abmorgsen ermorden | an die Kehle gehen

abroboh betrifft | übrigens

abrubben etwas abschneiden| etwas herausreißen

abschiern abkratzen | abstreichen

Achelbutz feines, leckeres Menü

acheln gute Speisen essen (Das achelt, Scheeks!)

äggern abwinken | ablehnen

Ahle der/die Alte | Vater (dr Ahle)

Ahln Alte | Eltern

ahnfalken anblicken | anschauen

ahnflaum ausschimpfen | beschimpfen

ahnjedrabt angelaufen

ahnjeduggelt gemütlich laufen

ahnjeziddert bummeln | schleichend gehen

ahnlatzen anrücken | ankommen

ahnranzen anfahren | anschnauzen

ahnschwabbern schaukelnd annähern | umgarnen

ahnstäwwern anstiften | anspitzen

ahntreggen anziehen

Ahsd Aas als Bezeichnung für „du" (Ahsd, zisch awwer ab!)

allehofe zuhauf | allesamt | alle miteinander

Altlatz alter Mann | männliche Respektsperson

amende schließlich

Ämmer Eimer

Andreesthire Eingangstür

anfeddermicheln Vertrauen erschleichen | sich beliebt machen

Angstreehre Zylinder | länglicher Hut

ärchten jedenfalls

ärscht na klar | genau

Asche Geld

Äschen uff dr Jeije Bewunderung zeigen

Äschen gewiefter, kesser Kerl

asten schwer heben | schwer tragen | üble Laune haben

Atzen großes Stück

ausenandrglamiesrn etwas suchen | auseinandernehmen | ausdenken

ausenannergnärbeln erklären | analysieren

ausjuddeln Wäsche mit wenig Wasser waschen

ausknaubeln sich etwas ausdenken, etwas planen

ausschdähn ausstehen | in den Schatten stellen

ausschdobben austrinken | aussaufen | etwas ausfüllen

awwen loslegen | kein Aufheben machen (kein Fass aufmachen)

Awwer ab! Verschwinde! | Hau ab!

baabeln labern | reden | erzählen | quatschen

baatschn schlagen

badalchn schwer arbeiten | sich mit etwas Schwerem herumplagen

baduuse bedächtig | langsam | ruhig | viel Zeit lassen

bahle bald | sogleich

Batz eitriger Ausschlag

Bähnert Korb | Kiepe

balbieren rasieren

Ballch Bauch | Körper

ballert extreme Sonneneinstrahlung

Bambuule Auseinandersetzung, die im Streit endet | lautes Feiern

Bämme Brotscheibe

bansen aufladen | stapeln | einpacken

bardauzen hinfallen

barduh durchaus | in einer Tour

Batsche Problem | Unglück

Batzlawwe Pikel am Mund

Bawedudchen Baby | Kleinkind

bedäbbert dumm dreinblicken

bedeichseln schaffen | hinbekommen | managen

Bederlehmannsfunsel Petroleumlampe

beflasdern sich in die Hosen machen

befummeln sich einer Sache widmen

beglobbd sin irre sein

begneisten angucken | betrachten

bei zum | zur | zu (Gemm bei de Mamma!)

beileefch nebenbei

Bejeschdemich keine Umstände | kein Aufheben

bejollern sich stark freuen

bekneisten heimliches Betrachten | anschauen

belzen prügeln

Benemedät Betragen | gutes Benehmen

Beniemunk Benennung | Bezeichnung

berabben bezahlen | begleichen

beschdreechen nicht die Wahrheit sagen | beschwindeln | belügen

beschießen sich vor Lachen biegen

beschmusen bereden | einschmeicheln (mit Hintergedanken)

beschnarchen anschauen | begucken

besengelt bekloppt | bescheuert

beziggeln, sich sich anstrengen | größte Mühe geben

bibbern zittern | frieren

Biebmadds Vogel

Biebn, de Geld, das

biesaggen zwicken | kneifen | stechen

Biezen kleine Brüste

bimborn sich lieben | Liebe machen

Bimbs | Bimbo Geld

Bimmel Straßenbahn

Binde (een hinner de Binde jießn) Kragen (viel Alkohol trinken)

Birschde Bürste | kurze Haare

Blaase Verwandschaft | Sippe | Menge | Volk

Blädde Bügeleisen

blaggen schwer tragen | schwer arbeiten

Blähge Zunge

Blähschaf (Schimpfwort) Dummkopf | dümmlicher Mensch

blandschn planschen | unbeholfenes Schwimmen

Blaudse Brust

Blauer Rothaariger

Blechbreedchn Büchsenbier

blechn bezahlen

bleede zaghaft | zurückhaltend

blimerant schwindlig

Blumsgloo Toilette ohne Spülung | Trockentoilette

Bonöhr, alla alle Achtung | vortrefflich

Bonum Benehmen | gesittetes Auftreten

Boobel trockner Nasenschleim

boobln mit dem Finger in der Nase bohren

boofen fest einschlafen

Boom Baum

Booscher Kupferpfennig | kleine Münze

Bordjucheh (scherzhaft) Brieftasche | Portemonnaie

HALLISCH DEUTSCH

Borschdn   kurze, widerspenstige Haare
bradworschdieren   herumkommandieren | bestimmen
Bräjen   Hirn | Kopf
bräzeln   sich ausstrecken | hinlegen | breit hinsetzen
Bredd   Tür
Brihe machen   sich Mühe geben | umständlich sein
Brihnischel   Hitzkopf
Brodfresser (scherzhaft)   Professor
buddzch   merkwürdig | komisch
Buderzke   schiefes Haus
bullern   dazwischenreden | rumpoltern
Bulver   Geld
Bumber   Unterhose | Schlüpfer
bumbn   borgen | ausleihen
Bunabelzer   Buna-Arbeiter
Buweritzke   enges Haus | dunkle Wohnung

dabbern   unbeholfen gehen | lässig laufen
dachdeln   hauen | Ohrfeige bekommen
Daddrich   Zittern | Angst
Dägen   weiße Murmelkugeln mit farbigen Ringen
Dähds   Kopf
dahdschen   streicheln | zärtlich sein
Dalbscher   unflätiges Anfassen | Grabscher
dalfen   betteln | stehlen
Damber machn   verschwinden | abhauen | verduften
Damm sin   gesund und munter sein

Dammfeichte machen   verschwinden | abhauen

dampm   verdünnisieren

Dande Meier   Toilettengang | Klossetthäuschen

dardrfoor   dafür

därre   dünn

Därrer   jüngster Sohn

Deebbchen   kleiner Topf

deebbern   saufen | übermäßig trinken

Deiwelszwern   dichtes Gestrüpp

Demmse   Wärme | feuchte Hitze

derb (erscht derb)   gut | schön | na klar | na los | aber ja

dermangk   dazwischenfahren | drauflosgehen

dibbelmoonsch   wie verrückt | wie von Sinnen

dibbeln   laufen | wandern | umherziehen

diddschen   einweichen | eintauchen

diejern   laufen | schnelles Gehen

digge duhn   groß auftrumpfen

diggnischlich   starrköpfig | eigensinnig

diggsch   trotzig | wütend | zornig

diggschen   schmollen | sich ärgern | böse sein | dumm tun | beleidigt sein

Dilbsch   Spatz | Sperling

Dire   Tür

Dobblabben jeschlaan   im Kopf wirsch sein | nicht ganz klar sein

Dobblabbenadel   Kopftuchviertel

Dolle   Haarsträne

dour, in eener   andauernd | ununterbrochen | immer wieder

Dowert   Täuberich (männliche Person)

döwwern   schimpfen | meckern

Draasch   Stress

draht sin   gewitzt | schlau

Draht   Geld

Dräne   schlapper Kerl | Jammerlappen

Draude   Angst | Furcht | Mut

dreewisch   betrübt | sorgenvoll | bedrückt
Dresche   Schläge
dribbeln   tröpfeln | leichter Regen
Driddchen   unpassende Schuhe
drieste   frech | nicht schüchtern
drifdch   sogleich | sofort
drimne   drüben
driwwer   drüber
drohm   oben auf
drudeln   sich viel Zeit lassen | Dinge langsam erledigen
druffjegluddschd   auflümmeln | sich plump anlehnen |
sich breit machen
duddch   verrückt | unbeholfen
duddeln   vor sich hinsingen | langweilige Musik spielen
dufde   gut | prima | einmalig
Dulge   Nase
dulzen   schlagen | besiegen
duse   sanft | zart | weich
Dussel   Tollpatsch | Dummkopf
Dust (Schimpfwort)   Dummkopf
dustn   vor sich hin dösen
Duutz   Amtsperson

eefdersch   öfter
Eejel   unsympathischer Mensch
eenewech   immerzu
eenner   einer
estimiern   bewundern | schätzen | Respekt zeigen

Fääbe Zigarette

Faatz eine Kleinigkeit

Faggelmann Schreiber

faggeln sofort schreiben | keine Umstände machen

Fahnprutz Fahnenschmuck

falken blicken | zusehen | dreinschaun

Falle tiefes Bett

fedd leggen Du kannst mich mal am A...! (Du gannst mr mah fedd leggen!)

Fedd Geld | Bier | Schweineschmalz (ä Debbchen Fedd)

Feddjlander Fettbemme | eine dünn mit Fett bestrichene Schnitte

Feez Spaß | Vergnügen | Feierlichkeiten

Fehme Hände

feifen, een saufen | trinken | einen zur Brust nehmen

Feijerdide Schimpfwort für unmögliches Benehmen

Feise Wohnung | Behausung

Ferre keine Spur

fetzen zerreißen

Fetzn ungewöhnliches Kleidungsstück | großes Bratenstück

Figge Tasche

figugchen herumhampeln | Grimassen schneiden

Fimmel Hirngespinst

Findchen Stückchen

Finfzchjer Fünfzig-Cent-Stück

Finkennapp kleines Trinkgefäß

fisafess gegenüber

Fisemadente Ausrede | Flausen im Kopf

HALLISCH DEUTSCH

Flääz Lümmel

flabsen Unfug treiben | Dummheiten machen | Grimassen machen

Fläddch Flügel vom Geflügel

Fläduse Flöte

Flebbe Ausweis | Fahrerlaubnis | Zeugnis

Fleedch schlechter, mieser Kerl

fleeden verloren | zugrunde gehen

Fleeschgiste Sarg

fleggen gut vorankommen | zügig arbeiten

flennen weinen | heulen

flesseln schwimmen

Fliddchen durchtriebenens, leichtes Mädchen

Flidseboochen Flitzbogen | Bogenschütze

Flietzbähn Fahrrad (aus lat. Velociped)

Flohkmolle schmutziges Bett

flösseln unbeholfen schwimmen | planschen

Flossen Hände

fludschn schnelles Erledigen

Flundsch zärn Gesicht verziehen | Enttäuschung zeigen

Fluuchwabbch großer Vogel

foosch bösartig | niederträchtig | gemein sein

Footn Hände

Fräßchen gutes Essen

friemeln sich zu schaffen machen | rumfummeln

frumbsen etwas hineinstopfen | hineinwürgen

Frumms Kram | Zeug | unnötige Sachen

fuchdch aufgebracht | zornig | wütend

Fuddch stumpfes Messer | Dolch

Fuffzn kurze Pause

Fundsgärl zuverlässiger Mensch

funzn weinen | schluchzen

Furje Zorn | Wutanfall

fussen sich auf etwas verlassen | mit etwas rechnen

fußen schnell laufen | wetzen | mit riesigen Schritten

gaageln   reden | schwatzen | plappern | dummes Gerede

gaagen   banales Zeug erzählen | vorlaut sein

gaaglich   wacklig | ängstlich

Gaaos   Chaos | wildes Durcheinander

Gaff (abwertend)   Dorf

Gagau   Kakao

Gägger   junger Bursche | Lehrling | Kinder

Gahnsche   Kahnpartie

Galchfritze   Maurer

Galdaunen (Mr gnurrn de Galdaunen!)   Därme (Ich habe Hunger!)

Galdaungnurrer   Hungerleider | dünner Körper

Galle   festliche Studententracht

gambeln, sich   sich wälzen | kämpfen | streiten

Ganden   Brotrand

gängeln   mit Fragen nerven

Ganger   Spinne

Gangerbeene   Spinnenbeine | dünne Beine

Gärche   Kirche

Gärsche   Geliebte

Gärschen   Kirsche

Gatterklobm   betteln

gaubeln   tauschen

Geebbert   Kopfsprung

Geile   Prügel | Dresche

gelängelt   vergangen sein (Eh ee Häppchen Zeit gelängelt war)

geniest   Ablehnung auszudrücken

gibbeln   auf einem Stuhl schaukeln

HALLISCH DEUTSCH

Gichenmeester Küchenchef

Giddchn Gefängnis

Gimmelbulle Schnapsflasche

Gimmelgeerner Kümmelkörner

Gingerliddzchen Kleinkram

Gitzler Straßenkehrer, der mit dem Besen die Straße eher kitzelt und nicht eine Schaufel Dreck zusammenbringt

Glabbe Mund

Glabs leichter Schlag | Klaps

Glabsmann (Schimpfwort) Dummerchen | einfältiger Mensch

Glabuschderbärn Hämorrhoiden

Glanderbahn Eisbahn (von Kindern)

glandern auf einer Eisbahn rutschen

Gleeche Arbeit

gleechen jähn arbeiten gehen

Gleister besoffen | stark betrunken (im Gleister sin)

Glifdchen Verkleinerung zu Kluft

Gligge Gruppe | Meute

Glimmschdogg Zigarre

Globbe Hiebe

gloddsen anstarren | anfixieren

Glubschen Augen

glubschen sehen | anschauen

gludschen hocken | gelangweilt herumsitzen

gnabsen abzweigen | wenig | sparsam umgehen

gnadschn dummes Gerede | Ärger machen

Gnäggerchen kleines Feuer

Gnärzchen Beule am Kopf

gnaubeln etwas mühsam ablösen

gneddern schimpfen | meckern | böse sein

Gneddscher Kaugummikugel | Kugel beim Murmelspiel

Gnedschn eine Form des Murmelspiels

gneisdn mit zusammengekniffenen Augen schauen

gnurzen   schwer schuften | sich anstrengen
Gobbnuss   Schlag auf den Kopf | Kopfnuss
gobbvrdräht   wie verrückt | rammdösig
gochlädderjaar   fix und fertig sein
Grämbel   Gerümpel | alte Gegenstände
Grämchen   Mitbringsel | versteckt rumwühlen (sein Grämchen machn)
Greiseln jähn   einen Kreisel mit Peitsche antreiben
Gribs   Schlaffittchen (bein Gribs griejn)
Griemelkäse   Kleinzeug | zerfallene Käsestücke
Guddeln   Därme | Kaldaunen | Flecke
Gulgdewiene   merkwürdige Frau
gulgern   schnell viel trinken
gullern   mit Murmeln spielen
Gusche   Mund verziehen
Gwaddradladschn   sehr große Füße | riesige Schuhe
Gwaddsch   Unsinn | dummes Zeug erzählen
gwähgen   weinen | heulen | herzzerreißendes Weinen

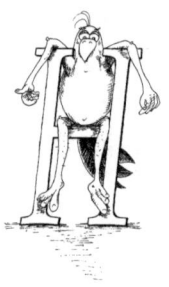

hä   schwer von Begriff | Nachfrage
Haardoor   komische Frisur/Haarschnitt
Häbbchen   ein kleiner Bissen | stückchenweise
habbsen   schnappen
Häggerchen (Ammensprache)   Verniedlichung der Zähne
hahnebichen   zum verrückt werden
Hallunke   Fremde | Freunde | nach Halle Zugezogene

Hämmuggchen etwas zurückgeblieben

Händschken Handschuh

Hanfliddich lieber junger Mann | strammer Kerl

Härschde Hörst du

haschdewasgannste so schnell wie möglich abhauen

Hasche Kinderspiel | Fangspiel

Hasen machn flüchten | sich verdrücken

Hauskooz Hausknecht

hawwern Verlangen zeigen

Hecheln boshaftes Gerede

Heeme Zuhause | Heimat | Wohnung

heemlings heimlich

helle sin auf kluge Art frech sein

hellewech glatt | weg | sofort

Hidsche kleine Fußbank | kleiner Holzstuhl

him un drim hier und da

hinbardauzen geräuschvoll hinfallen

hinderginftch von hinten herum | hinterhältig

hindreggen hinziehen

Hinne Henne | unmögliche Frau

Hinnor babbem an Hühnerkeulen knabbern

Hinnor Hühner | junge Mädchen

hiwwern zittern | bibbern

Hoddwolläh die oberen Zehntausend der Gesellschaft

Horn Beule am Kopf (Ich schlaa dr glei ee Horn!)

Hornske armselige Wohnung

Hornsken Hornissen

Hubbdegrähn Heupferdchen | Heuschrecke

hubbm hüpfen | tanzen | abhauen | verkrümeln

Huf Fuß

huggen schwer tragen

hulbe sinn (hulbe sinn im Goppe) vom Dorf (etwas wunderlich)

Hurragluft | Hurragliftchen schöne, festliche Bekleidung

huwweln hobeln | Sprüche klopfen

Ihsche   Mädchen | Freundin

illern   schauen | sehen | heimlich nachsehen

ilzen   rumschauen | Ausschau halten

ingoofen   einkaufen

innewenk   inwendig | drinnen

inschbärrn   einziehen | abkassieren | einbuchten

inschdreichn   kassieren | Gewinn erzielen | etwas behalten

iwwerhärn   abfragen | abhören | nicht hinhören | überhören

iwwerkwäre   schräg liegen

iwwerschlaan   überschlagen

Jaasche   sehr feines Drahtgeflecht | Fliegengitter

jabsn   schwer atmen | keuchen

jachdern   herumrennen

jädlich   passend, gewöhnlich

jähn   mit jemandem gehen | eine Freundin haben

Jang machen   schnell beeilen

Jannert   Gänserich

Järge   Georg

Jargong   Dialekt | Aussprache

jedeesche   ruhig | still

jefaggelt   geschrieben

Jefitze   Aufheben | kein Theater | nicht lange überlegen

jeflahgt   hauen | schlagen

Jeflichel   Geflügel

jegneert   gedrückt | gequetscht

jehädschelt un jedädschelt   verwöhnen | liebevoll | zarte Streicheleinheiten

Jehg bei de Mama!   Geh zur Mutter!

jejuchzen   aufschreien | laute Fröhlichkeit | ausgelassen sein

Jekuse   schmusen

Jelumpe   unnütze Sachen | Herumstreicher

jemähre   verzögern | lange Rede | bummeln

jenau   angemessen | passend | richtig

Jereetze   Sachen packen

jesaat   erzählt | überliefert

Jesoggse   Gesindel | Herumtreiber

Jewärche   Durcheinander | Gedrängel

jewärtch sinn   bereit sein

jiebich   froher Erwartung sein

jirschen   stark regnen | kräftiger Regenguss

jiwwern   gierig | lüstern auf etwas sein

jrabschn   greifen | unsittlich berühren

jreesde   größte

Jroschenrendjeh   Einer, der wenig Geld hat

Jrossgotz   Angeber | Prahler

juchzen   laut aufschreien | große Freude

jumm   haue ab | verloren | dahin | kaputt (Mach dr iwwern jumm!)

Jumminasen (spöttisch)   Gymnasiasten

Junksche   das junge Mädchen

Justav | (zem Justav machen)   sich zum Gustav machen (sich lächerlich machen)

kabben stehlen | etwas mitgehen lassen, ohne zu bezahlen

Kaddchen Katapult | Gummischleuder

Kaffer Bauer

Kaggschmus Gerede | langweilige Unterhaltung

Kahn Bett

Kalender machn Tage zählen | sich etwas ausrechnen

kalitsche sin geschafft sein

Kalmieser (Gaunersprache) Schlucker | Schmarotzer | Knauser | Knicker | Geizhals | Schulmeister | Stubengelehrte | pedantischer Wissenssammler

Kalweijen alte | ausgetretene Schuhe

Kändchen kleines Endstück eines Brotes

Kante, hooke etwas Erspartes zurücklegen

Kardowwellaadschen Kartoffelpuffer

karjohln ziellos herumfahren

Karline freches Weibsbild

Karrete alter Wagen

Kartause bei der Binde | beim Schlaffittchen fassen

karwendeln gemächlich | langsam fahren

Käsehitsche Schlitten aus Eisengestell

Kaubler Schwindler | Betrüger

Kaugler Künstler

Kawendsmann Prachtstück

Käwer Käfer

kawwern gekrümmte Haltung | ducken | kauern | auf etwas warten

Kelle Prügel androhen | Schläge verteilen

kess klug | gewitzt | gewieft | durchtrieben

Keu   nichtjüdische Frau

Kie   Haarkautz | gesteckter Zopf

kiegn   stechen

kiesädch   mäklich beim Essen

Kietn   lange Beine

Kimme   Laus

Kimmeleggchen   Ellbogen | Musikantenknochen

Klabunden   schlechte Behausung | alte Wohnung

Kluft   Kleidung | Anzug | Gewand

Knäder   Bäcker

Knagg   Geld

knaggen   das ist gut | alles dran | in Ordnung

Knäggerchen   rauchendes Feuer (meist im Freien angefacht)

Knaggschmuus   dummes Gerede | Geschwätz

Knast   Gefängnis

kneeren   drücken | pressen

knetschen   geräuschvoll essen

kniep machn   abhauen | schnell verschwinden

Knießt   Silberknopf der Halloren (18 Stück)

kniwen   kneifen | bis blaue | blutunterlaufene Flecken entstehen

knorgeln   zerknittern

Knuff | Bulle   Flasche Schnaps

Knust   dickes Stück Brot

knuwwen   einen Stoß versetzen | schwer arbeiten

koddrich   vorlaut | respeklos | unwohl im Magen

kohl   drum und dran | kein großes Aufsehen machen

Kohldambb   Hunger | leerer Magen

koldern   herumtoben | tollen | Unruhe verbreiten

Kollähtschke   matschiger Kuchen

Kotbucht   Aufenthaltsraum der Salzsieder in den Siedehütten

Kote (Salzkotn)   Salzsiedehütten

Krähden (Is jab nu widdr ee baar Krähden)   Geld

Kraiz   Rücken

kraizgrummelahm Rückenschmerzen haben

Krammuddchen Läuse

krebben, sich sich über etwas ärgern | erzürnen

krebsen nach etwas greifen | langen | grapschen

Kreebel (Schimpfwort) unausstehliche Person

kreebeln durchschlagen | kriechen | bewegen

Kreide anschreiben (an de Kreide jähn)

kreiseln verwirren | verdreht sein | anspornen

krembeln, sich sich biegen | sich vor Lachen kringeln

kriedschen schreien | kreischen | lustvoll

Krigge (Schimpfwort) hinterhältige, nachtragende Person

Krönchen Freundin | Mädchen | junge Frau

Kuge Kopftuch

Kuhniebel Kuchenreste | Kuchenränder | Kuchenkrümel

Kunde durchtrieben | elender Kerl

Kundmann Kerl | Stromer | Bursche

kwaaken schwatzen | große Sprüche klopfen

kwaddern viel erzählen | herumlabern | nichts für sich behalten

Kwadradladschen riesige Schuhe

Kwadschen (Kwadschd jlei was!) eine Ohrfeige, einen kleinen Schlag bekommen

kwaggelei törichtes, ständiges reden

kwäggern saufen | übermäßig trinken

kwaggern einkochen

Kwalm Hunger

Kwanden Füße | Beine

kwärln in eine Richtung bringen

kwasseln dazwischenreden | schwatzen

Kwasselschdribbe jemand, der unaufhörlich redet

kweern kreuzen | queren

Kwien Hund

laadschn gehen

Labben Soldaten per Schreiben einziehen

Labsch dicker, großer Kerl

Laddcher Eckensteher | Herumtreiber | Lausbub

Ladde machen Schulden machen | anschreiben lassen

läddern derb hinfallen

Ladschengino Fernseher

Lägge leckerer Schmaus | Festessen

Lahtsch dünner Kaffee

Läke Anzahl | Menge | Schuss | Schwapp

längeln Zeit vergehen lassen

laschen hinfallen | stürzen

Lattcherjent Küchenpersonal

Latz Körper | alter Freund | Kerl | Weste der Hallorentracht

Lauscher Ohren

lawede wacklig | schief | krumm

Lawwe Gesicht | Mund | Maul

lawwedisch das Gesicht/den Mund verziehen

ledder vom Leder ziehen | Geheimnisse verraten

Leegge Schmeckerchen | feiner Geschmack

Legumschiewer Bäckerjunge

Leichdorn Hühnerauge

leijern etwas aus der Tasche ziehen

leimen betrügen

Leine, zigg verschwinden | abhauen | abziehen

Lemänk (locker) aus dem Handgelenk

Lenz Spaß | Vergnügen | Ausgelassenheit

link falsch | böse | schlecht | nicht zu trauen

HALLISCH DEUTSCH

Linker schlechter Kerl, der nichts taugt
linzchen ein bisschen | ein wenig
listern sin hintertrieben | heimliches Verlangen
Looden lange, ungepflegte Haare
Loorke abgestandener Kaffee | schlechter Kaffee
losdambm losrennen
Lubbert Uhr | Wecker | Armbanduhr
Luhmich Rumtreiber | verkommener Junge | Strolch
Lulatsch langer, schlaksiger Kerl
lullich ängstlich
Lumbm schlechte Garderobe
Lunde riechen etwas durchschauen | bemerken
lunschn spähen | blicken | schauen

mäbbeln Ablehnung ausdrücken
Maduddchen ältere Dame
madusteln friemeln | werkeln
Mägge sehr kurze Haare
mährn etwas langsam ausführen
Maiflätz Maikäfer
Majum Wasser
majumen lange regnen
mandschen im Wasser planschen
mangk dazwischen
Matz Quark
Matzblähge dummes Gesicht | noch grün hinter den Ohren | belegte Zunge

Matzdorde   Quarktorte

mau noch meff   kein Wort sagen

mau sin   schlecht gehen | Magenverstimmung

Mauge hamm   keine Lust haben | schlechte Stimmung

Maugen   sehr streng riechende Füße

Meda   Handtasche

Meester   Meister

meffen   stinken (Füße) | Schweißgeruch verströmen

Mehlmuus   Schwächling | Tollpatsch

mehrscht   meist

mei liwwer Freind   Androhung an eine Person

mei Siesor   mein Kleiner

Meijer   Maurer

meinor   meiner (freundschaftliche Anrede)

Meise weesde   Bescheid wissen | die Richtung kennen

Mendänke   Soße und Kartoffeln verrührt

Menggenge   viel Aufwand machen | Quatsch

meschant   elend | erbärmlich | böse | unverschämt

Michel, duhd   längere Zeitspanne | über die Zeit

middemank   mittendrin | dazwischen

mies machen   schlecht | ungünstig | widrig

migge   übermütig | frech | ausgelassen

mobsen   stehlen | etwas mitgehen lassen

molum   betrunken

Moodschejiebchen   Marienkäfer

Moogchen   ein außerhalb gelegenes Dorf

Moonelooche   langweiliger Mensch

Motz   Fußballspiel (unter Jugendlichen)

muchten   schlecht riechen

Muff   jemand, der beleidigt ist

Muggen   wechselhafte Stimmung | aufmüpfig

mulgschen   schmollen | trübetümpelig dasitzen

Mumm   Kraft | Mut | Traute

Murrgägger   Frosch

Musnutsch   Lahmarsch | Schwächling | Tollpatsch

muwweln   essen | Reinstopfen von Speisen

na, ja (abwertend)   ja | mal sehen
Nabbsilze (Schimpfwort)   jemand, der sich schlecht benimmt
nähmhär   nebenbei | daneben
Naht   Vorschrift | Tracht Prügel | Bedrängnis | Menge (enne Naht erzähln)
nann   hinauf
Närbelchen   kleine Mütze
närjeln   sich nicht wohlfühlen
nass   ohne Geld | kostenlos | umsonst
nee   nein, Gegenteil von ja
nein   hinein | herein
nesseln   saufen | übermäßig trinken
Nest   gemütliches Bett
nich   nein | kommt nicht in Frage
nidderfaggeln   aufschreiben | aufzeichnen
nieschen   gucken | aufmerksam hinsehen
Nieselbriem   jemand, mit dem nicht viel los ist
niesen (derb geniest)   da hast du dich geirrt
Nietlähm (Schimpfwort)   ehemals Vorort von Halle mit Irrenanstalt (eener aus Nietlähm!)
Niggerchen   Schläfchen | kleine Pause
nischd is   nichts ist
nischddemangk   da ist nichts daran
Nischel   Kopf
niwwer   rüber
Nösel   Bierkrug | Kanne für Bier

HALLISCH DEUTSCH

nubbeln   leichtes Saugen | herumlutschen
Nubbelpille   kleines Auto
nudschen   saugen | lecken | lutschen
nuemah   ist eben so
Nulbe   jemand, mit dem nicht viel anzufangen ist
nunner   hinunter | runter

ochsen   schwer arbeiten | lernen
ohm   oben
Orjelfeiwwen   Nachwuchs einer kinderreichen Familie
Ooche   Auge
Oochenbligg   Augenblick
Oofnreehre   Ofenröhre
Owacht jähm   auf etwas aufpassen

päbbeln   essen | speisen
pabben   dumm dreinschauen | angaffen
Pabblawwe   jemand, der mit offenem Mund dasteht

pabbläwwich   etwas verwundert betrachten
Pachulke   Hausknecht | Bursche
Pälzer   Synonym für schweres Arbeiten (Leunapälzer = Arbeiter in den Leuna-Werken bei Halle)
pannich   kräftig | tüchtig
pardautzen   geräuschvoll hinfallen
perzich duhn   schnippisch sein | sich wegwerfend äußern
Petze   kleines dummes Mädchen, das alles ausplaudert
pieke   sich sehr fein geben | von Anfang an
Piep haben   nicht ganz richtig sein | einen Vogel haben
Plärre   dünner Kaffee
Plautze (is uff dr Plautze ham)   Lunge (erkältet sein)
plautzen   hinfallen
plieren   schauen | Ausschau halten
podansch   übermäßig wild | von herausforderndem Auftreten
pomäle   gemächlich | ruhig | gelassen | bedächtig | langsam
Prass   gezahlter Lohn
Pulle   Flasche
pusbeln   hantieren | kramen

Quaddschen   Ohrfeige
quäken   lautstark weinen

Raasche Hetze | Wut | Eile

radde schbann aufmerksam sein | scharf aufpassen

rammdeesch verwirrt | durcheinander

ranangeln beschaffen | besorgen

Rangdewuuh heimliches Treffen

Ranzen Bauch

rausglamisern ausfindig machen

rederieren aufgeregt umherlaufen | sich im Kreis drehen

Redischen Mädchen | junges Ding

reegeln sich strecken | dehnen | räkeln

Rees machen Aufstand

ribbeln sich rühren

Ritsche Holzstühlchen

Rohrbambm Schilfkolben

rolln jemanden verarschen

Rotzdulge frecher Junge | überschlaue Reden schwingen

rotzen spucken

Rotzlabbm Taschentuch

Rotzleewwel unerfahrener Junge

ruffbullern sich geräuschvoll nach oben bewegen

rumfärschtern herumtoben | herumstreifen

rumflätzen herumlümmeln

rumgnudscln ungeniert vor allen Leuten küssen

rumjräweln sich mit Schmerzen plagen

rumnärcheln meckern | mit allem unzufrieden sein

rumpusbeln hantieren

rumschdrolchen herumtreiben | herumstreifen

Rungenat Unglück | Untergang
Rungsen dick abgeschnittene Brotscheiben
runterlahtschen, eene eine Ohrfeige austeilen
Ruß Schnaps

s' bree ham immer im Mittelpunkt stehen
Saagsn dusen! Sag du es ihm!
Saalo Molch | Salamander
saan sagen
sachemah nun äußere dich einmal dazu!
sächn Wasser lassen
Sänfte Bett
Sassermoos Hungerlohn
Schaagen ausgetretene Schuhe
schaggen tanzen | ausgehen | herumlaufen
schaggern auf- und abbewegen | schauern | frösteln
Schalaune Mantel
Schale gute Kleidung | sich besonders anziehen
Schamtsrich Freund | Geliebter | Bruder
Schangeln Münzwerfspiel (Fuchsen)
schbachdeln kräfig reinhauen | tüchtig essen
schbäjen spotten | verhöhnen
schbannen neugierig sein | hinterhältiges Schauen
schberrlawwe Maul aufsperren | gaffen
schbiegen abschauen | abschreiben

HALLISCH DEUTSCH

Schbitz machen   da kannst du lange warten | nichts gibt's | etwas erfahren

schbulen   sehr viel essen

schdammfeichte   verschwinden | abhauen | wegrennen

schdändern   herumstehen | Spalier stehen

Schdändr   dünne Beine

schdängern   aufhetzen | Unruhe stiften

schdebbseln   zukorken | Gefäß verschließen

schdeggen   geben | verabreichen | etwas verraten

Schdenz   Schnaps

schdiebeln   abstehen

Schdieche   Treppe

Schdiez   Haarbüschel

Schdift   kleiner Junge | Lehrling

schdigum   heimlich | stillschweigend

Schdoob   Geld

Schdoob machen   verschwinden | abhauen

Schdowwel   grober Kerl

schdranzen   durch die Stadt laufen

schdreechen   lügen | schwindeln | Ausreden suchen

Schdromer   Strolch | herumstreunender, übler Kerl

Schdubbelenden   Studenten (spöttisch)

Schdulks   Tollpatsch

Schdulle   belegte Brotscheibe

Schduwwe   Wohnzimmer

scheechlich   großes Stück

Scheeks   Freund | Kerl | bester Kumpel | Bruder

Schegge baggen   Sachen packen

Schent   Leute | das Volk

scherbeln   ausgelassen tanzen

Schibbe   Unmut zeigen | Lippe hängen lassen

Schiebchen   Küken

schiggedänzch   schäkernd | schön tuend | flirtend

Schiggse   aufgetakelte Frau

Schimmer   keine Ahnung | keine Rede von etwas

Schlaaks   frecher, schlaksiger Kerl

Schlabbohr Kaninchen

schlawwern geräuschvoll trinken

schlebbm schwer tragen

Schlibbe enger Durchgang zwischen Häusern

Schliwwer Unterhose

Schmatz geräschvoller Kuss

schmeddern saufen | geräuschvoll trinken

Schmeech lästige Insekten

schmeechern viel lesen | schmökern

schmeißen (Geent mr schmeißen!) hinwerfen (vor Lachen)

Schmiere schdähn aufpassen

schmiern, eene herunterschlagen

Schmieschen Hemd

Schmießchen Rede | Erzählung (Schmus machen)

schmoochen rauchen

Schmus Rede | Plauderei | Geschwätz

schmusen ausschweifendes erzählen

Schnaakch eine Hübsche | eine Schöne

Schnärbel kleines Stück

schnärblich außergewöhnlich | hübsch | schick

Schnarcher laute Atemgeräusche beim Schlafen

Schnärgel Bemerkung

Schnärzchen Spaß | lustige Geschichte

schnasseln einen hinter die Binde gießen

Schnatzjer Spatz | Sperling

schneffde schön | super

Schnellemachefixe Durchfall | ganz dringend

schnibbeln feines Schneiden

schniewen schnauben

Schnongs Bonbon

schnorbsen geräuschvoll in einen Apfel beißen

Schnortze Diarrhoe | Durchfall

Schnuddelbase schmutzige, nachlässige Frau

Schnulli Krimskrams | Krempel

Schnullahn Penis | (Schimpfwort: Du Schnullahn!)

schnulln   pinkeln | Wasser lassen

Schnusbel   naive Frau | kleines Mädchen

Schräbbchen   kleines Kind

schräjeln   bummeln | einen Spaziergang machen

schubben   stoßen | schieben | drücken

Schuft   Kerl, verdammter

Schure machen   einen Streich spielen | jemanden absichtlich ärgern

schuwwern   schauern | frösteln | zittern

Schwarte   Zeugnis (das de Schwarte gnaggt)

schwibbe   beweglich | gelenkig | wendig

Schwiedjeh   durchtriebener, unseriöser Mann

schwoofen   tanzen

Seefendogtor   Friseur

seidenjinftch   seitwärts | seitlich | von der Seite

Senge grichen   Schläge | Hiebe | verhauen werden

setzt (Glei setzts was!)   Androhung von Schlägen

Sibbo   Schutzpolizist (Kurzform)

Siedehiddn   (Salz-)Koten

Siesor, mei   mein Süßer

Sießchen   Pferdewürstchen

sieße   süß

simmelieren   nachdenken | grübeln

Schdindchen   knappe Stunde

Täde   Leitung | Führung | Verantwortung

täwweln   besiegen | überwinden

Teebbchen Krug | Glas | kleiner Topf

tirmen fliehen | schnell davonlaufen

Towwel großer Kerl | etwas sehr Großes

towweln heben | werfen | schmeißen | mit großem Einsatz arbeiten

treggen ziehen | schleifen

Tschiebchen Küken

Tschiselamänk aus dem Nichts | aus der Situation heraus

Tülks Gelehrter

Tunschel Kopf

uffbebbeln Kinder aufziehen | rausputzen | in Ordnung bringen | schmücken

uffbräzeln auftischen

uffdidschen aufwischen

uffelang dauernd

uffjähm sich ergeben | (ein Päckchen) aufgeben

uffmaddustln rausputzen | zurechtfummeln

uffmischen loslegen

uffrabbeln auf die Beine kommen

umelaschn hinfallen

Umme machen umfallen | bankrott | umwerfen | verschwinden

underjidch eiternd | geschwollen | entzündet

unken wie ä Ast üble Laune haben | schlechter Stimmung sein

HALLISCH DEUTSCH

Vaganten Studenten

Vetter Anrede der Halloren untereinander

Vojel Kalk- oder Mörtelkasten aus Blech

vrbeebbeln aufessen | kräftig beim Essen zulangen

vrbisdert hartnäckig | verbissen

vrdewwendiern sich verteidigen | Widerstand leisten

vrdoowaggn verprügeln | schlagen

vrdriggen aufessen | kräftig beim Essen zulangen

vreebbeln verarschen | verulken

vrgaggeijern veralbern | an der Nase herumführen

vrglabbsen veralbern | in die Irre führen

vrglamiesern erklären | darlegen | verdeutlichen

vrgoohln veralbern | verulken

vrhonnebibeln veralbern | verulken

vrhunsen beschädigen | unbrauchbar machen

vrjaachn vertreiben | wegscheuchen

vrjnasst sin verurteilt | eingesperrt

vrknusen jemanden nicht ausstehen können

vrlähden, een viel Alkohol trinken | richtig vollsaufen

vrorjelt aussähn versoffen aussehen | durchgeleiert wirken

vrratzt verschlafen | verloren | verlegen

Vrscheenerunksrat Friseur

vrschidd verlorengehen | vermissen | im Arrest sein

vrwaljen schlagen | besiegen

vrwamsen verhauen | verprügeln

vrweerchen kaputtmachen | zerstören

vrwoochen durchtrieben | raffiniert

Wa? Stimmt's? | Was?

waggeln hingehen | schleichendes Laufen

Wamse Dresche | Schläge

Wanst fetter, dicker Bauch

Wänster ungezogene Kinder

Wanstrammeln Bauchschmerzen

wärcheln an den Sachen ziehen

Wärjel kleines Kind

Wärschde Würste

Wartemah ab! Lass dich überraschen!

wechleibern wegschnappen | erhaschen

weeschdewind Bescheid wissen

Weeßgneebbchen „Weiß Gott" | weiße Weste

Wichse, enne alles das Gleiche | egal welches | immer gleich

Wichsschachtel Volksmund für ein früheres Vergnügungslokal auf der Rabeninsel

Wind jegricht etwas erfahren | etwas mitbekommen

Wippchen Mätzchen

wirchen würgen

wirsch, sin kopflos | keinen Gedanken fassen können

wubbdich rucken | schnelle Bewegung

Wucht Tracht Prügel

Wuhd Wut

HALLISCH DEUTSCH

zabbenduster sehr dunkel

zach sparsam | zum Teil geizig | vorsichtig

Zäggerchen schmissige Weisen | Blasmusik

Zaster Geld

zeggen sich gegenseitig veralbern | hochnehmen | verarschen | berauscht sein

Zeich unnützer Krempel

zejar sogar

zembe ist schmuck | schön

zerlaadschen zertreten | zerdrücken

zermährt ausgeleiert | kaputt sein

zerrn kräftiges Ziehen

Zerrwanst Akkordeon | Ziehharmonika

zesammgniwwern zusammenbinden

zesammjefriemelt zusammenbauen aus Bauanleitung | zusammengebastelt

Zigge widerspenstige, störrische Frau (Ziege)

Zimt Sache | Angelegenheit | Aufheben

Zorf Schnaps

Zosschen kleines Pferd

Zosse altes Pferd

Zuhn Zeh | Zehen

Zwärn dünner Mensch

Zwassel aus Draht gebogene Gummischleuder

Zwegge kleines Kind | Lehrjunge

Zwiwweldidsche einfache Zwiebelsoße mit wenig Geschmack

HINWEISE ZUR SCHREIBWEISE
DES HALLISCHEN

Keine Änderung der Diphtonge

Vor einem -l, -s nach einem r- bleibt es ein -ei- bestehen:

▸ wei**l**mer, sch**r**eim, Bei**s**chbiel

Bei Wörtern mit einer Vorsilbe **aus** und **au**:

▸ Haus, ausjähn, Ausdrugg, Goofhaus, Maus

▸ und bei einigen Wörtern wie: saufen, raufen, Daum, Raum

Bei Wörtern mit einem -ei- im Wortstamm:

▸ Preis, weil, weinen, Schwein, Seite, Forzeichn, Diftelei, glei, Leine, bei, Wein

Keine Änderung des Vokals

Bei Wörtern mit -a- im Wort bleibt es ein a:

▸ Gadse

Verb und Pronomen

Das Verb und ein nachfolgendes Pronomen werden zusammengezogen:

▸ hat er – **hatte**, machst du – **machste**, habe ich – **hawch**, wollen wir – **wullmer**

Buchstabe	Hallisch	Beispiele der Schreibweise Deutsch-Hallisch
-ä- nach l (lä-)	-ee-	läuft – leefd, Lärm – Leerm
-äu-	-ai-	äußern – aißern, Gebäude – Jebaide
-äu-, -eu- vor -r-	-rai-	Kreuz – Graids, abräumen – abraim
-al-	-ahl-	bald – bahle, Alte – Ahle, egal – äjahl

Buchstabe	Hallisch	Beispiele der Schreibweise Deutsch-Hallisch
-ab-, -aber-	-aww-, -awwer-	habe – hawwe, Habicht – Hawwicht, aber – awwer
-ag-	-aach-	Magen – Maachn, sagen – saachn, tragen – traachn
-ägt-	-äächt-, -äät	gesägt – jesäächt, schlägt – schläät
-au-	-oo-	Auge – Ooche, laufen – loofn, Baum – Boom
auf-	uff-	aufgeregt – uffjerechd, Aufgabe – Uffjabe
-ber	-wer	Leber – Läwwer, Weiber – Weiwer
-be-, -bt-	-we-	arbeiten – arweeden, Erbe – Ärwe, glaubt – jloowet
-ber-, -bel-	-wwe-	aber – awwer, lieber – liwwer, übelste – iwwelste
-bb-	-ww-	krabbeln – grawweln, kribbelt – griwwelt
-ck-	-gg-	Zucker – Zugger, Säcke – Sägge, zurück – zerigg
-die	-dje	Studie – Schdudje
-er-, -e-	-är-, -ä-	Leser – Läser, ersten – ärschdn, Erbe – Ärwe
-eh-, -eben-	-äh-, -ähm-	ansehen– ansähn, erleben – erlähm, gegeben – jejähm
-ei-	-ee-	reichen – reechn, meine – meene, weiß – weeß
-en	-m, -n, oder es fällt ganz weg	treiben – dreim, hüpfen – hibbn, fangen – fang

Buchstabe	Hallisch	Beispiele der Schreibweise Deutsch-Hallisch
-en-	-än-	wenig – wänich, wenn er – wänne
-eu-	-ei-	Leute – Leide, neulich – neilich, euch – eijch
-eg-	-eech-	Pflege – Fleeche
-euer-	-ijer-	Feuer – Feijer, teuer – deijer
-er, -ir	-r	der – dr, mir – mr, wieder – widdr
ein-	een-	ein – een, einmal – eenmah, einer – eenor
-ehen	-ähn	gehen –jähn, stehen – schdähn, ansehen – ansähn
eing-	inj-	Eingang – Injank, eingreifen – injreifn
-fe-oder -ffe-	-we-, -wwe-	Hofe – Howe, Teufel – Deiwwel, Schiffer – Schiwwer
-f- bleibt	-f-	fünf – finf
-fig-	-ch-	beiläufig – beileefch
g-	j-	Gebäude – Jebeide, gerne – järne
gr nach Vorsilben	-r-	Ungraut – Unraut
-gte-	-d-	sagte – saade, fragte – fraade
geh-	jäh-	gehabt – jähabt, gehen – jähn, gehört – jäheert
-gen	-chen	tragen – draachen, fragen – fraachen
-g	-ch	Zug – Zuch, genug – jenuch, weg – wech, Weg – Weech
-h- vor -k-	-gg-	Schuhkarton – Schuggardong
-iebe-	-iwwe-	lieber – liwwer, Liebe – Liwwe
-ieg-	-iech-	liegen – liechen, Ziegel – Ziechel, wiegen – wiechen

Buchstabe	Hallisch	Beispiele der Schreibweise Deutsch-Hallisch
-ig	-ich-	König – Geenich, billig – billich
-ige-	-je	beruhigen – beruhjen, Feige – Feije
-ing	-ink	Sprössling – Schbrösslink, fing – fink, ging – jink
-ir-	-är-	wirklich – wärchlich, Kirche – Gärche, Birne – Bärne, dir – där
k-	g-	keiner – geener, kleben – gläbt, Katze – Gadse
kä-	gee-	Käfig – Geefich, Kälte – Geelde
-lk-	-ch-	Kalk – Kalch, Alkohol – Alchohol
-mal	-mah	einmal – eenmah
-nd-	-nn-	Kinder – Kinner, Hundert – Hunnert, andere – annere
-ner	-nor	meiner – meinor, einer – eenor
-o-	-u-	wo – wu, von – fun, wollten – wulldn, voll – full
-oden	-oodn	Boden – Boodn
-on	-ong	Bonbon – Bombong ▸ Ausnahme: vor einem k, Lexikon – Leksegon
-ö-, -öpf-	-ee-, -eebb-	könnte – geennde, größte – jreesde, Töpfe – Deebbe
-ör-	-är-	betören – bedären, förmlich – färmlich
p-	b-	plötzlich – bletzlich, Plakat – Blagat, Pech – Beech
-pp-	-bb-	schnippeln – schnibbeln, rappeln – rabbeln
-pf-	-bb-	Kopf – Gobb, hüpfen – hibben, dampfen – dambbm

85

Buchstabe	Hallisch	Beispiele der Schreibweise Deutsch-Hallisch
pf-	f-	Pfeife – Feife, pflücken – fliggen, Pfeffer – Fewwer
qu-	kw-	quasseln – kwasseln, quitt – kwidd
-ra-	-raa-	Braten – Braaden, tragen – draachen
re-	ree-	Regen – Reechen, Regeln – Reecheln, Reifen – Reefen
-rg-	-ch-	Energie – Enerchie, morgen – morchen, irgendwo – ärchjendwo
-rig-	-ch-	vorige – forchde
-rk-	-ch-	Markt – Marchd, verkneifen – vrchneifm
sp	schb	Orgelspiel – Orjelschbiel, Spucke – Schbugge
st-	schd-	Stücke– Schdigge, stehen– schdähn, stürzt – schdirzt
-t bleibt	-t	angesägt – anjesäächt, gehört – jeheert
t-	d-	tragen – drachn, teuer – deijer, Tag – Daach
-tt-	-dd-	satt – sadd, Hütten – Hiddn, hatten – haddn
-tig	-dch	tüchtig – dichdch, fertig – färdch, giftig – jifdch
-ur-	-o-	Durst – Dorschd, Turm – Dorm, kurz – gorz
-ug	-uch	Aufzug – Uffzuch, trug – druch, klug – gluch
-ür-	-är-	dürre – därre, Kürbis – Gärbis, Würste – Wärschte
-ü-	-i-	Kümmel – Gimmel, erfüllt – erfillt, grüne – jrine

Buchstabe	Hallisch	Beispiele der Schreibweise Deutsch-Hallisch
-über-	-iwwer-	überall – iwwerall, hinüber – riwwer
-ung	-unk	jung – junk, Gründung – Jrindunk
vor-	for-	vor – for, Vorteil – Fordeel, voraus – foraus
viel-	fil-	vielleicht – filleicht
ver-	vr-	versteckt – vrsteggt, Vergnügen – Vrjnichn
-x-	-ks-	Axt – Aksd, Hexe – Häkse, Text – Dekst
-zig-	-ch-	zwanzig – zwanzch
zu-	ze-	zuerst – zeerscht, zusammen – zesamm, zum – zem

Grammatikalische Abweichungen

Falsche Pluralbildung mit Anhängen -r, -n oder -s:

-r ▸ Reste – Resder, Steine – Schdeener

-n ▸ Stiefel – Schdiwweln, Kinder – Ginnern

-s ▸ Jungen – Jungens, Frauen – Frauens, Vögel – Veechels

Literaturhinweise

Manfred Lemmer (Hg.) Forr Ischen und Scheekser. Gedichte und Prosa in hallescher Mundart, 2. Aufl., Halle 1994.

Manfred Lemmer Hallisch. Aus den Schriften Manfred Lemmers zur Mundart der Stadt Halle (Saale), hg. von Andrea Seidel, Sandersdorf-Brehna 2018.

Uta Wallraff Ausgewählte phonetische Analysen zur Umgangssprache der Stadt Halle an der Saale, Diss. Univ. Halle 2007, online: http://sundoc.bibliothek.uni-halle.de/diss-online/07/08H071/prom.pdf (14.01.2021). Dort S. 173–179 weiterführende Literaturangaben.

DIE HALLISCHE
BEDEUTUNGSVERMEHRUNG

Wie andere Menschen auch verwendet der Hallenser in seinen Gesprächen zwar das gleiche Wort, hat aber oft genug eine unterschiedliche Bedeutung im Sinn. Ein paar Beispiele sollen das verdeutlichen:

Dr Daum: zwee an jäder Foode, denne flichn wälche dorch de Luft, denn jiwwets wälche, die heern nischt, unn denne braucht dr Beeddchor wälche for seine Fesser. *Zwei an jeder Hand (Daumen), dann fliegen welche durch die Luft (Tauben), dann gibt es welche, die hören nichts (Taube), und dann braucht der Böttcher welche für seine Fässer (Fassdauben).*

Dr Raam: wo de Raam uff dr Insel ze Haus sinn, diemer um de Bilder machn, wose de Schdeene mit rinflasdorn, un dähn Raam, dr uff de Millich schwimmet. *Wo die Raben auf der Insel zu Hause sind (Rabenvögel), die man um die Bilder macht (Bilderrahmen), worein man die Steine pflastert (Pflasterrahmen), der auf der Milch schwimmt (Milchrahm, Sahne).*

Un ds Leem: dähn dr Deebber needch had, denne dr Dischler forn Holz zem glähm schdreicht, denn de Leem, inewegg innen Zoolochschen brilln, na un wenn alles juhd jeht, jiwwets ooch nochs eewiche Leem! *Den der Töpfer nötig hat (Lehm), den der Tischler fürs Holz zum Kleben streicht (Leim), dann die Löwen, die im Zoologischen Garten brüllen (Löwen), na, und wenn alles gutgeht, gibt es auch noch das ewige Leben.*

Dr Fetzn: isse olles Gleidungsschdigge, gann och en jrosses Schdigge Fleesch sinn, wenne sich ärjerd, dann ganne alles ze fetzn, unn och, wenn was juhd rausschdicht, danne duhds och fetzn (gut)! *Ein altes Kleidungsstück, es kann auch ein großes Stück Fleisch sein; wenn jemand sich ärgert, dann kann er alles zerreißen, aber auch, wenn etwas gut ankommt, dann tut es ebenfalls fetzen.*

Sächn: gammern Boom im Walde, eenor dr mah Wasser lassn muss, is in dr Gärche ee jedaufdes Neijebohrnes, unn wenn ähner ee bisschn Gligg hadd, jiwwets ähn Jeldsächn! *Sägen kann man den Baum im Wald; sechen macht man, wenn man Wasser lassen muss; den Segen bekommt in der Kirche ein Neugeborenes bei der Taufe; und wenn einer ein bisschen Glück hat, gibt es einen Geldsegen.*

Rihrn: musse immer im Gochdobb machen, sonsd brennde ahn, duhd siche sei beschdes Schdigge, bei dr Liwwe, niche mähr, is uff der Arwwet niche juhd, wennde das machst, unn wenn ee Gärl siche beim Daanze niche rihrn duhd, jähd'se zem Annern! *Rühren muss man immer im Kochtopf, sonst brennt's an; tut sich sein bestes Stück bei der Liebe nicht mehr; ist auf der Arbeit nicht gut, wenn das machst; und wenn der Kerl sich beim Tanzen nicht rührt, geht sie zu 'nem anderen.*

HALLISCHE REDEWENDUNGEN
UND MEHR

In früheren Zeiten gab es allerhand Redewendungen im Hallischen, die heute kaum mehr jemand versteht. So sagte die Mutter zu ihren Sprößlingen, bevor sie sie etwa zum Spielen entließ: „Bis dr Michel duhd, denne gemmdr Heeme!" Denn der Ausdruck „bis dr Michel duhd" verwies auf die vergehende Zeit.

Von jemandem, der wichtig war und im Mittelpunkt stand, hieß es: „S' bree hamm!" Wer schlechte Laune hatte, der tat hingegen „unken wie ä Ast" und sich vielleicht zugleich „zem Awwen machn". Eher selten legte ein Junge seinen Eltern ein Zeugnis hin, dass „de Schwarte knaggt", das heißt, das besonders gut war. Und dass heute jemand fragt: „Was schmust der Lubbert?", wenn er die Uhrzeit erfahren will, ist eher unwahrscheinlich.

Dennoch hat sich noch vieles in der Altagssprache an Begriffen und Redewendungen erhalten, wovon an dieser Stelle ein wenig ausgeführt werden soll.

Dem (früheren) Hallenser wurde oft der falsche Gebrauch der Begriffe mir und mich unterstellt, was sich in der selbstironischen Redensart niederschlug:

Mir un mich vrwächsle ich nich, das gemmbt bei mich nich for! *Mir und mich verwechsle ich nicht, das kommt bei mich nicht vor!*

Quasi eine Bestätigung dieser Vermutung ist die Wendung:

Hadde nich ee Schdrigg bei dich, mei Kwien, der will nich mit, mit mich. *Hast du nicht einen Strick für mich, mein Hund, der will nicht mit mit mir.*

Maduddchen (ältere Dame)

„Matzdorde is ähmd is Lähm."

Beim Gaffeeschmus duhd se sich umschdändlich aus-
driggen, un ee jroßes Jereede machtse um nischt. Hibsch
jemacht haddse sich awwer ährlich, se sieht schnärblich
aus, is Maduddchen! *Beim Kaffeeklatsch drückt sie sich*
umständlich aus, macht ein großes Gerde um nichts. Aber
hübsch gemacht hat sie sich wirklich, sie sieht hübsch aus,
die ältere Dame.

Zudem scheint der Hallenser nach außen hin zuweilen etwas maulfaul, wetzt etwa die Umlaute ab (etwa „au" zu „oo") und verbindet Worte zu eigenartigen Gebilden – und spart so viel Zeit, um sich länger mit seinen Freunden und Bekannten unterhalten zu können. Dabei gibt es viele Möglichkeiten des Austausches, wie die unten stehenden:

Alter, halte deinen Mund!   *Ahsd aldr, halt de Lawwe!*
Dankt er es dir?   *Dangders?*
Denkst du ...?   *Denksde ...?*
Es ist nun einmal mal so!   *Is nuemah su!*
Gehen wir!   *Jähmer!*
Gibt's doch nicht!   *Jiwwets nu nich!*
Habe ich auch.   *Hawwich ooch.*
Haben wir.   *Hamm mr.*
Halt deinen Mund!   *Hald de Gusche!*
Hörst du?   *Härschde?*
Ich bin erkältet.   *Ich habs uff dr Plautze.*
Ich habe Hunger.   *Mr knurrn de Galaunen.*
Ich werde es mir überlegen.   *Ich wähds mr iwwerleechen.*
Kaufst du ...?   *Goofsde ...?*
Lasse dich nicht mehr blicken!   *Mache Jank!*
Machst du grad 'nen Spruch?   *Bejeeschdemich?*
Machen sie ganz gern!   *Machn se ze järne!*
Möchte ich auch besitzen!   *Meechdjch ooch hammm!*
Nirgendwo anders!   *Närjend wo annersch!*
Nun sag einmal bloß!   *Nuh sachemah!*
Sie sind wohl dumm?   *Wo eene middn Dobblabben jegricht?*
Tuen wir.   *Duhn mr.*
Verschwinde schleunigst!   *Awwer ab!*
Verziehe nicht so deinen Mund!   *Zerr nich son Flundsch!*
Weiß man?   *Weeß mr?*
Wieso denn nicht?   *Wieso denne niche?*
Wie spät ist es?   *Was schmust der Lubbert?*

Wir gehen jetzt nach Hause. *Nu mach mr heeme.*

Wir haben heute keine Lust! *Heijde geene Mauge*
hamm!

Wir schlagen uns so durch! *Mr greebeln uns so dorch!*

Zieht er? *Zerrde?*

Von praktischer Bedeutung sind zudem Ordinal- und
Kardinalzahlen, von denen aus Platzgründen nur die je-
weils ersten elf und die Zehnerzahlen bis Hundert ange-
führt sind.

Ordinalzahlen	Kardinalzahlen
1. – ärschde	1 – eens
2. – zweede	2 – zwee
3. – dridde	3 – dreij
4. – firde	4 – fier
5. – fimfde	5 – fimf
6. – seggsde	6 – seggs
7. – siemte	7 – siem
8. – achde	8 – acht
9. – neijnde	9 – neijn
10. – zähnde	10 – zähn
11. – eelfde	11 – eelf
...	...
15. – fuffzähnde	15 – fuffzähn
...	...
20. – zwanzichsde	20 – zwanzich
30. – dreijsichsde	30 – dreijsich
40. – firzichsde	40 – firzich
50. – fuffzichsde	50 – fuffzich
60. – sechzichsde	60 – sechzich
70. – siebzichsde	70 – siebzich
80. – achtzichsde	80 – achtzich
90. – neijnzichsde	90 – neijnzich
100. – hunnertsde	100 – eenhunnert

So, nun ist eigentlich alles geklärt. Wer das Wörterbuch
ordentlich gelesen hat, für den ist das Verständnis des
nun folgenden letzten Textes ein Kinderspiel.

DR MATZ, IS EENFACH
MEI FAMILIENNAAME!

Nu mussch eijch eehmah noch was zem Bäsdn jähm. Es jiwwet su forschiedene Naam, diede zem schmuntzeln forleiden. Su eehn hawwich ähmd ooch. Dr Familiennaame is nuhemah Matz. Eenfach su wärdch niche immr jeruwen, sonnern janz siesse „**Mätzchen**", dass wärder noch midgriechen, wasses heesen duhd.

Na, das gannch eijch saachen, dr Naame haddne janscheene fillseidche Bedeidunk im hallschen Dialekt.

Bei mein Naam hängkts middn Geese insoweit zesamm, indän mr foorn Geese ooch Matz sahn duht, wuraus sich ärkleert, dass zunor richdschen Geesedorde in Kwark jeheert. Alsu Geese, Kwark un Matz sinn eenfach ähm foorn Hallenser „eene Wichse" oddr wie dor Jelährde meent, in: „Einheitsbejriff"!

Eemah meendmer dn **Matz**, allsu dn Kwark fon dor Guuh. Zur draus härjeschdellte Dorde heestes alsu: „De Kwarkdorte hawwch eijch heide jebaggen!"

Eemah jiwwets de Bezeichnunk, jenau wie dr Kwark un dr Kwadsch, wänn eener kwasseln duht, bisde ooch eene „**Matzbläke**", dardrmid meendr Hallenser, dasmer een bisschen wärsch im Gobbe sinn, wasse awwer niche nich beese meent. Doche där scheene Ausdrugg „Matzbläke" jeheert ze diesen Wordschbiel.

Dänne schdeht dr „**Matz in dr Sonne**". Da wärder als een nich janz helle im Gobb beschriem. Un manichemah heests: „Ee Ahlder, machmer mah geene **Mätzchen**!" Das isses, wänne eener een bisschen Bleedsinn machen duhd un bleetzlich de Bumber full hadd. Dänne isser een „**Hosenmatz**".

De Muddr schreijde eenewech: „Duhe mah niche su ,**rummatzn**'!" Dadrmidd wärn de gleen Ginnorsch jemeent, wännse siche am Dische nicht richdch benähm.

Da jiwwets ooch noch mei Fornaame, derde Justav heesd. Dr **Justav** is nuh ooch su een Dink. Dr Justav is eenor, där de een bisschen gomisch siche forheeld. Justav is een janz ahler Naame fone anno Duutz, un su wärdor ooch behandelt, als owwer nischd ze richdn wees.

Wänn eenor rufen dähd: „Machdr niche **zem Justav!**" Meend dr annere: „Machder niche zem Awwen!"

Dr Hallenser had forn Fladderfeechl eene Beniemunk, „**de Jusde**". Das is de Forniedlichunk fun Justav, awwor die meendn dän Jannert, därde jeschlachdet wärn sull!

Dr Justav gann je nischd dadafor, awwor een Geemfor isser drotzdähm. Een eisernor Scheeks, däre siche nischd jefalln leest.

Nuh nucheemah zem „**Mätzchen**". Bein Mätzchen meendr Hallenser daderzu ooch ee „**Wippchen**"! Is härd sich janzscheen niedlich ahn, awwor dasse gann ooch janz scheen gomisch forschdandn wärn. Werde „Mätzchen" machn däd, där macht eenfach een janz gleenes Schbeeßchen. Ich wärd hier janz beschdimmt geene Mätzchen mähr machen.

„De Weechn besiechn de Hardn!"
In dähm Sinne forbleiwich,
eijer Gustav Matz.

INHALT